Planejamento Estratégico e Alinhamento Estratégico de Projetos

Adilson Pize

Planejamento Estratégico e Alinhamento Estratégico de Projetos

Um guia prático aplicando os modelos SPCanvas e PSACanvas

Copyright© 2017 por Brasport Livros e Multimídia Ltda.
Todos os direitos reservados. Nenhuma parte deste livro poderá ser reproduzida, sob qualquer meio, especialmente em fotocópia (xerox), sem a permissão, por escrito, da Editora.

Editor: Sergio Martins de Oliveira
Diretora: Rosa Maria Oliveira de Queiroz
Gerente de Produção Editorial: Marina dos Anjos Martins de Oliveira
Editoração Eletrônica: SBNigri Artes e Textos Ltda.
Capa: Trama Criações

Técnica e muita atenção foram empregadas na produção deste livro. Porém, erros de digitação e/ou impressão podem ocorrer. Qualquer dúvida, inclusive de conceito, solicitamos enviar mensagem para editorial@brasport.com.br, para que nossa equipe, juntamente com o autor, possa esclarecer. A Brasport e o(s) autor(es) não assumem qualquer responsabilidade por eventuais danos ou perdas a pessoas ou bens, originados do uso deste livro.

P695p   Pize, Adilson

Planejamento estratégico e alinhamento estratégico de projetos: um guia prático aplicando os modelos SPCanvas e PSACanvas / Adilson Pize – Rio de Janeiro: Brasport, 2017.

ISBN: 978-85-7452-850-2

1. Gerenciamento de projetos 2. Planejamento estratégico I. Título

CDD: 658.404

Ficha Catalográfica elaborada por bibliotecário – CRB7 6355

BRASPORT Livros e Multimídia Ltda.
Rua Pardal Mallet, 23 – Tijuca
20270-280 Rio de Janeiro-RJ
Tels. Fax: (21) 2568.1415/2568.1507
e-mails: **marketing@brasport.com.br**
             vendas@brasport.com.br
             editorial@brasport.com.br
site: **www.brasport.com.br**

Filial SP
Av. Paulista, 807 – conj. 915
01311-100 – São Paulo-SP

Agradecimentos

Aos meus pais, por minha educação, por terem me incentivado a estudar muito e sempre, e por me ensinarem que devemos acreditar e lutar por nossos sonhos.

À minha esposa Mauren, por ter me apoiado incondicionalmente em todas as iniciativas visando o meu crescimento pessoal e profissional.

Aos meus demais familiares, que sempre demonstraram acreditar muito em mim, o que me deu forças para seguir em frente.

À amiga Fernanda Sório Polonini, que contribuiu voluntariamente na revisão deste livro.

À Editora Brasport, em especial ao amigo Sérgio, que ao longo de muitos anos não deixou de acreditar que teríamos condições de lançar juntos este livro e outros que estão por vir.

Ao *Project Management Institute* (PMI®), a quem devo grande gratidão pelas tantas oportunidades de trabalhar voluntariamente por nobres causas nas quais acredito e por me retribuir com inúmeras oportunidades de novos conhecimentos e crescimento pessoal que abracei com muito afinco.

Aos meus inúmeros amigos, que não tenho condições de nominar aqui, com quem aprendo mais e mais a cada dia, em cada um dos momentos nos quais interagimos. Tenho carinho e uma gratidão muito especial por cada um deles.

Aos meus alunos dos cursos de MBA, por quem nutro muito carinho e para os quais procuro estar sempre preparado e atualizado, e que talvez não saibam que muito me ensinam também – e por isso minha gratidão a eles.

Sobre o Autor

Adilson Pize

CEO e consultor da Excellence, escritor e palestrante.

É professor convidado em cursos de MBA e pós-graduação em instituições de ensino de todo o Brasil.

Graduado em Processamento de Dados e Pós-Graduado em Qualidade Total e Reengenharia de Processos.

Possui as certificações PMP®, CBPP®, PMO-CC, CSM® e ITIL® Foundation.

Formado no programa internacional de capacitação em liderança PMI® *Leadership Institute Master Class* (LIMC), turma de 2013.

Acumula experiência de mais de 25 anos nas áreas de Tecnologia da Informação e Gestão Empresarial, atuando principalmente com: gerenciamento de projetos, gerenciamento de processos de negócio (BPM), gestão pela qualidade total, implementação de processos e metodologias, implantação de escritórios de projetos, processos e da qualidade, planejamento estratégico, governança de TI e gerenciamento de serviços.

Ao longo de sua carreira profissional atuou em organizações industriais, comerciais e de serviços, de pequeno, médio e grande porte, nacionais e multinacionais, e também junto a órgãos de governo municipais e estaduais.

Criador dos modelos **SP**Canvas (*Strategic Planning Canvas*) e **PSA**Canvas (*Project Strategic Alignment Canvas*), para o desenvolvimento interativo e colaborativo de planejamento estratégico e alinhamento estratégico de projetos.

É Coordenador Geral do Grupo de Usuários em Gerenciamento de Projetos (GUGP) da SUCESU-RS.

Junto à ABNT é membro da Comissão de Estudo Especial de Gestão de Projetos, Programas e Portfólio (ABNT/CEE-93).

Filiado ao PMI® desde 2001 e voluntário desde 2003, foi diretor da Seção Rio Grande do Sul (PMI-RS) entre janeiro de 2005 e dezembro de 2012, ocupando quatro diferentes diretorias, sendo desde 2013 membro do Conselho Consultivo.

Foi membro do PMI® *Technology Member Advisory Group* (TechMAG), junto ao PMI® global, entre janeiro de 2014 e dezembro de 2016.

Associado da ABPMP®, foi voluntário na tradução para o português da terceira edição do Guia BPM CBOK®.

Também foi voluntário do Programa Gaúcho da Qualidade e Produtividade (PGQP), atuando como Coordenador de Avaliação do Comitê Setorial de Informática e Diretor de Projetos da SUCESU-RS na gestão 2014-2015.

Rotariano, ocupou a posição de Presidente do Rotary Club de Caxias do Sul nas gestões 2014-2015 e 2015-2016.

Prefácio

Uns dias atrás, Adilson me escreveu e falou sobre elaborar um prefácio para seu livro. Já alguma vez um outro amigo me pediu um favor similar e tanto aquela vez como esta vez com Adilson me sinto muito surpreso porque sempre pensei que essa oportunidade é uma honra dada apenas a alguém que é um *best-seller* ou um especialista bem reconhecido no tema.

Eu ainda não escrevi nenhum livro, não por falta de interesse, mas por falta de tempo (e talvez falta de talento, porque acho que falo melhor do que escrevo), então essa parte de ser um *best-seller* não faz parte das razões para ser escolhido. Sobre o reconhecimento, eu sei que já trabalhei em todo o mundo como consultor, treinador e palestrante em diversos tópicos como alinhamento estratégico de projetos, gestão organizacional de projetos e liderança; e até fiz parte do Conselho de Administração do PMI e fui seu Presidente em 2014, mas sinceramente não me percebo como o especialista em gerenciamento de projetos.

A explicação mais lógica que eu tenho para escrever este prefácio é que eu sou um profissional normal que sofre os mesmos problemas que muitos de vocês sofrem quando gerenciam projetos, que já viveu para ver muitas empresas falharem em implementar as suas estratégias e que vê de perto o que acontece quando se fazem muitos projetos sem ter capacidade ou quando os projetos não oferecem nenhum benefício estratégico.

Mas o que é a estratégia de uma organização? De acordo com Porter, um dos líderes de pensamento no mundo da estratégia, a estratégia de uma organização é o que a faz diferente. É a escolha deliberada de atividades que definem a abordagem distinta da empresa para oferecer uma mistura única de valor. Por essa definição, parece fácil de definir e implementar.

Por outro lado, pesquisas publicadas em diversas publicações mostram uma realidade totalmente diferente. Por exemplo, a Harvard Business Review mencionava que, de acordo com uma investigação científica, "as empresas percebem apenas 40% a 60% do valor potencial de suas estratégias". E no artigo "Why Good Strategies Fail", pesquisa realizada pela The Economist e patrocinada pelo Project Management Institute em 2013, se menciona que iniciativas estratégicas foram bem-sucedidas apenas em uma média de 56% nas organizações pesquisadas.

E aí dá para se perguntar: o que faz a diferença para que algumas organizações atinjam seus objetivos enquanto outras ficam só no mundo das ideias e boas intenções? Bem-vindo ao mundo onde a ligação entre planejamento estratégico e a execução da estratégia (através de uma gestão de projetos) é primordial para a sobrevivência das organizações.

Parece um novo paradigma, mas às vezes, na minha opinião e experiência pessoal, parece mais um paradoxo. Os níveis da organização responsáveis por cada uma dessas atividades pensam que a estratégia é algo de alto nível, gerencial, às vezes secreta, focada no futuro, definida pelos níveis superiores e, portanto, está separada da execução, que é muito mais detalhada, técnica, planejada, focada em ações de curto ou médio prazo e realizada por pessoal que está na operação do dia a dia.

Esse paradigma é baseado em uma maneira totalmente diferente de olhar para as atividades de uma empresa; temos atividades que servem para manter o negócio e outras que servem para transformar o negócio, e ambas as atividades acontecem como um desdobramento da estratégia da organização em ações particulares.

- ✓ O principal elemento da maioria das organizações é suas operações, que incluem todas as atividades envolvidas na execução do negócio. Essas atividades são as destinadas a manter o negócio. São, em última instância, a fonte da receita diária da empresa. Sem operações não há negócios. Isso implica em que as operações não sejam focadas unicamente na produção dos produtos/serviços (cadeia de valor), mas também nas atividades necessárias para administrar o negócio e os recursos.
- ✓ A outra dimensão seria aquelas atividades que a organização faz para transformar o negócio, que são tipicamente investimentos únicos tempo-

rários que buscam atingir objetivos claros e predeterminados e criar esse diferencial. Isso por definição é o que chamamos de projetos (ou programas, quando é necessário agrupá-los para obter benefícios em comum).

Os projetos, que são temporários e transversais, se diferenciam das operações, que são repetitivas e funcionais, em dois grandes aspectos: a) a necessidade de habilidades interpessoais e técnicas para lidar com o trabalho transversal multifuncional e b) a necessidade de lidar com incerteza e benefícios esperados que muitas vezes não poderão ser medidos até depois que o projeto tenha finalizado (por exemplo, o incremento nas vendas acontece só algum tempo depois de ter implementado o sistema ou finalizado um novo produto).

Porém, os dois possuem dois elementos comuns: a) uma alta interdependência e b) os dois têm que estar alinhados com a estratégia organizacional, pois, afinal, o produto resultado do projeto vai ser transferido às operações do negócio, onde será mantido e a concretização dos benefícios esperados será medida.

Manter as operações é um grande desafio, sem dúvida, mas o maior desafio que estamos enfrentando nas organizações públicas e privadas tem a ver com os investimentos realizados em projetos e programas e em como esses investimentos produzem benefícios tangíveis.

Na pesquisa *Pulse of The Profession* 2017 feita pelo PMI, foi bom saber que, comparado com o ano anterior, a perda média de dinheiro investido em projetos caiu de 12,2% para 9,7% (97 milhões de dólares perdidos por cada bilhão investido em projetos). Porém, teríamos que estar ainda muito preocupados, porque isso significa que cada vez que uma empresa decide investir em um novo sistema ou produto, cada vez que um governo está trazendo água para uma comunidade e cada vez que se gasta dinheiro pensando em alcançar um objetivo estratégico temos quase um risco (estatístico) de perder 10% desse investimento. E o pior ainda é que em países/regiões em desenvolvimento (como a América Latina) a percentagem é normalmente maior.

Com este livro, Adilson espera ajudar de maneira prática as organizações públicas e privadas a melhorar aspectos básicos do novo paradigma que mencionava: por um lado, como ter um melhor planejamento estratégico, e, por outro lado, como alinhar os projetos e programas (atividades para transformar o negócio) com a estratégia.

De maneira simples, com uma explicação teórica, mas com um enfoque muito prático baseado na sua própria experiência, Adilson nos guia pelos conceitos e depois nos ajuda na prática com uma ferramenta visual como é o *canvas*, que incrementa a colaboração entre diversos interessados sem perder o foco no que é verdadeiramente importante.

Através da sua leitura, você poderá articular claramente o que é necessário para definir uma estratégia, entender por que a definição de cenários estratégicos cria um valor diferencial na hora de falar de agilidade organizacional, elaborar um plano estratégico, definir projetos e operações e depois entrar no mundo do portfólio para selecionar e priorizar projetos que estejam alinhados com a estratégia, mas tenham em conta outras variáveis organizacionais como recursos ou complexidade.

Em resumo, este livro contém todos os processos, dicas e conselhos que eu sempre dou durante minhas palestras e consultorias, mas escrito de forma organizada, simples e divertida por um especialista que aprecio muito e que adicionalmente é meu amigo.

Um profissional integral não é criado da noite para o dia, e você fez uma excelente escolha profissional ao pegar este livro. No entanto, como todos os conhecimentos requerem prática, eu convido você a escolher pelo menos três ou quatro conselhos e começar a praticá-los imediatamente. Você não precisa seguir a receita completa para obter mudanças e resultados tangíveis!

E, a propósito, se você precisar de ajuda na implementação dessas dicas, você sempre pode entrar em contato com Adilson ou com milhões de profissionais na área, porque você nunca esteve sozinho, você nunca estará sozinho...

Ricardo Triana, PMP
President and Managing Director, Practical Thinking Group
Past Chair, Project Management Institute

Sobre o Livro

Há uma vasta literatura existente sobre planejamento estratégico, dos mais diversos autores, que compreende desde a trajetória histórica até uma sólida fundamentação em torno do tema, incluindo os elementos que compõem um bom planejamento estratégico e, em alguns casos, enriquecida com exemplos.

Já no caso do alinhamento estratégico de projetos, a literatura é mais limitada. Na verdade, o assunto normalmente aparece em meio a outros temas, em livros que tratam sobre gerenciamento de portfólio, em especial em capítulos sobre critérios e métodos para seleção e priorização de projetos.

Porém, ao observar toda essa literatura disponível, sente-se a falta de uma abordagem mais processual, o que acaba por dificultar o leitor na hora de colocar em prática os princípios e conceitos estudados. Ou seja, após ler vários livros, uma pergunta permanece: como fazer isso acontecer em minha organização?

O objetivo deste livro é propor abordagens práticas, simples e colaborativas para o desenvolvimento do planejamento estratégico e para a posterior priorização e seleção de projetos com base no alinhamento com os objetivos estratégicos da organização e outros critérios adicionais de priorização e seleção.

> **Não é intenção deste livro estudar e discutir detalhadamente diferentes modelos para planejamento estratégico, definição de estratégias organizacionais, gestão de portfólio, etc.**
>
> **Também não se deve considerar que os modelos aqui propostos são soluções definitivas ou imutáveis.**
>
> **A organização pode adotar esses modelos na forma aqui proposta ou fazer as devidas adaptações ao seu contexto, tendo como objetivo primordial apoiar a sistematização e/ou melhoria de seus processos de planejamento estratégico e de priorização e seleção de projetos.**

O livro está dividido em quatro capítulos e dois apêndices:

- ✓ **Capítulo 1 – Planejamento Estratégico.** Sintetiza os principais conceitos e princípios relacionados à estratégia e ao planejamento estratégico.
- ✓ **Capítulo 2 – O modelo SPCanvas –** *Strategic Planning Canvas.* Apresenta o modelo *Strategic Planning Canvas* (**SP**Canvas) como uma solução prática para desenvolver o planejamento estratégico de forma visual e colaborativa.
- ✓ **Capítulo 3 – Alinhamento Estratégico dos Projetos.** Sintetiza os principais conceitos e princípios relacionados a portfólio, seleção, priorização e alinhamento estratégico de projetos.
- ✓ **Capítulo 4 – O modelo PSACanvas –** *Project Strategic Alignment Canvas.* Apresenta o modelo *Project Strategic Alignment Canvas* (**PSA**Canvas) como uma solução prática para, de forma visual e colaborativa, priorizar e selecionar projetos com base em seu alinhamento aos objetivos estratégicos da organização e outros critérios complementares.
- ✓ **Apêndices.** Nos apêndices estão as visões gerais dos quadros do **SP**Canvas e do **PSA**Canvas preenchidos e as instruções para acesso a materiais de apoio, que incluem os cartazes para aplicação dos modelos, exemplos preenchidos, guias resumidos e outros materiais.

Destaques

Ao longo do livro serão encontrados textos em destaque que estarão em caixas de texto como a que está a seguir:

> Texto em destaque

Dicas

 O livro também contém inúmeras dicas em seu conteúdo, que serão precedidas da imagem de uma lâmpada, como a que aparece ao lado.

Sumário

Introdução 1
    Modelos baseados em *canvas* 6

Capítulo 1. Planejamento Estratégico 7
    1.1. Estratégia 7
    1.2. Planejamento estratégico – conceitos e princípios 8
    1.3. Processo de desenvolvimento do planejamento estratégico 9
        1.3.1. Negócio 10
        1.3.2. Missão 12
        1.3.3. Visão 14
        1.3.4. Valores e princípios 16
        1.3.5. Diagnóstico do ambiente externo 17
        1.3.6. Diagnóstico do ambiente interno 18
        1.3.7. Desenvolvimento de cenários 20
        1.3.8. Objetivos estratégicos 22
        1.3.9. Estratégias 26
        1.3.10. Ações (projetos e operações) 29

Capítulo 2. O Modelo SPCanvas – ***Strategic Planning Canvas*** 33
    2.1. O modelo e sua finalidade 33
    2.2. O quadro do SPCanvas e seus componentes 34

2.3. Materiais necessários para usar o modelo SPCanvas 35

2.4. Quem participa do desenvolvimento do planejamento estratégico? 36

2.5. Processo de desenvolvimento do planejamento estratégico com o SPCanvas 37

    2.5.1. Bases estratégico-filosóficas 37

    2.5.2. Análise de ambientes (interno e externo) 45

        2.5.2.1. Ambiente interno 47

        2.5.2.2. Ambiente externo 49

        2.5.2.3. Análise SWOT 52

    2.5.3. Objetivos estratégicos 54

        2.5.3.1. Definição dos objetivos estratégicos 55

        2.5.3.2. Priorização dos objetivos estratégicos 58

    2.5.4. Estratégias 62

    2.5.5. Projetos (e programas) e processos de negócio 66

        2.5.5.1. Projetos (e programas) 68

        2.5.5.2. Processos de negócio 72

Capítulo 3. Alinhamento Estratégico dos Projetos 75

3.1. Portfólio e gerenciamento de portfólio 75

3.2. Priorização e seleção de projetos 77

    3.2.1. Por que selecionar projetos? 77

    3.2.2. Critérios para seleção e priorização de projetos 79

    3.2.3. Métodos para seleção e priorização de projetos 80

Capítulo 4. O Modelo PSACanvas – *Project Strategic Alignment Canvas* 83

4.1. O modelo e sua finalidade 83

4.2. O quadro do PSACanvas e seus componentes 84

4.3. Materiais necessários para usar o modelo PSACanvas 85

4.4. Quem participa da priorização e seleção dos projetos? 86

4.5. Processo de alinhamento estratégico, priorização e seleção dos projetos com o PSACanvas 87

    4.5.1. Alinhamento estratégico 88

        4.5.1.1. Avaliação do nível de contribuição dos projetos com os objetivos estratégicos 89

        4.5.1.2. Cálculo da pontuação e da pontuação ponderada dos projetos no critério alinhamento estratégico 92

    4.5.2. Critério(s) complementar(es) para priorização e seleção 97

    4.5.3. Banco de projetos 102

        4.5.3.1. Pontuação total e prioridade dos projetos 102

        4.5.3.2. Uso dos recursos críticos 106

    4.5.4. Restrições 107

    4.5.5. Projetos selecionados 109

    4.5.6. Resultado 114

Apêndice A. SPCanvas e PSACanvas Preenchidos 116

Apêndice B. Materiais Disponíveis para *Download* 119

Referências 121

Introdução

A ligação dos projetos com o planejamento estratégico da organização é um tema que me encanta há mais de uma década.

Tudo começou em meados de 2005, quando escrevi um pequeno texto intitulado "O Papel do Gerenciamento de Projetos no Sucesso do Planejamento Estratégico da Organização".

Posteriormente, naquele mesmo ano, transformei esse texto em uma palestra que conduzi em eventos no Brasil e também em um evento no Uruguai, o que me proporcionou a oportunidade de conversar e interagir com os participantes dos eventos, validando as constatações que vinha observando nas organizações nas quais fui colaborador ou atuei como consultor.

Passados mais de 10 anos, por incrível que pareça, grande parte das minhas constatações ainda é válida.

Voltando um pouco mais na história, observamos que os primeiros conceitos tradicionais surgiram logo após a Segunda Guerra Mundial, quando as organizações passaram a fazer uso do planejamento estratégico para definir e aplicar estratégias para alcançar seus objetivos globais.

Segundo Chiavenato e Sapiro (2004), "em 1956, 8% das grandes empresas norte-americanas utilizavam o planejamento estratégico. Esse percentual subiu para 85% em 1966". Ou seja, em uma década houve um crescimento de mais de 10 vezes no número de organizações que adotaram o planejamento estratégico em sua gestão.

Naquela época, em que a dinâmica do mundo dos negócios era infinitamente menor, as empresas costumavam definir planejamentos estratégicos rígidos, para horizontes de cinco a dez anos.

Nos dias atuais, a forte dinâmica e a complexidade existentes no ambiente de negócios obrigam as organizações a manter planejamentos estratégicos flexíveis e adaptáveis, com um processo contínuo e ininterrupto de revisão, como forma de estar aptas a empreender as mudanças necessárias para garantir sua sustentabilidade e para se manter competitivas no mercado.

De acordo com Chiavenato e Sapiro (2004):

> *A diferença hoje é que o planejamento estratégico deixa de ser anual ou quinquenal para se tornar contínuo e ininterrupto; deixa de ser rígido para se tornar flexível e adaptável; deixa de ser monopólio da alta direção para alcançar o compromisso e a dedicação de todos os membros da organização.*

Passadas algumas décadas, é possível encontrar organizações com um alto nível de maturidade em seus processos de desenvolvimento, revisão e avaliação do planejamento estratégico.

Infelizmente, essa é a realidade em uma minoria das organizações. A maioria ainda se mostra imatura em relação ao planejamento estratégico, não sendo difícil encontrar organizações que sequer o possuem.

Algumas das principais deficiências que são observadas nas organizações incluem:

- ✓ Falta de um processo para desenvolver e revisar sistematicamente o planejamento estratégico.
- ✓ Processos conduzidos de forma centralizada, não colaborativa, não tendo representadas todas as partes interessadas da organização, tanto no que diz respeito às suas áreas como aos níveis hierárquicos.
- ✓ Desenvolvimento e/ou revisão meramente pró-forma, através da simples cópia do resultado de planejamentos anteriores, sem a efetiva discussão e revisão de cada um dos principais elementos que compõem o planejamento estratégico, como missão, visão, objetivos, estratégias, etc., o que é impossível de imaginar frente à grande dinâmica dos ambientes externos e internos da organização.
- ✓ Pouca ou nenhuma comunicação do resultado do planejamento estratégico para todas as partes interessadas da organização.

Uma das intenções deste livro é colaborar com as organizações na melhoria de seus processos de desenvolvimento e revisão do planejamento estratégico, tendo o **SP**Canvas como uma ferramenta para facilitar tais processos.

Apesar da avaliação do planejamento estratégico não fazer parte do escopo deste livro, é imprescindível falar um pouco sobre *Balanced Scorecard* (BSC).

Uma vez definido o planejamento estratégico de uma organização, como avaliar o seu desempenho, não somente sob a perspectiva financeira, para medir a sua efetividade e a efetividade de suas estratégias?

Essa pergunta começou a ser respondida em 1992, quando Robert S. Kaplan e David P. Norton publicaram um artigo sobre o conceito de *Balanced Scorecard* no primeiro exemplar da *Harvard Business Review*.

Vários outros artigos se seguiram até que, em 1996, Kaplan e Norton publicaram o livro "Using the Balanced Scorecard as a Strategic Management System", no qual resumiram suas descobertas sobre o assunto.

O *Balanced Scorecard* pode ser resumido como uma metodologia calcada no equilíbrio organizacional, balanceando quatro diferentes perspectivas dos objetivos organizacionais:

✓ Perspectiva financeira.

✓ Perspectiva do cliente.

✓ Perspectiva dos processos internos.

✓ Perspectiva de aprendizagem/crescimento.

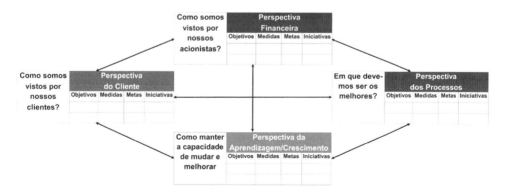

Figura 1 – Perspectivas tradicionais do BSC. Adaptado de OLVE; ROY; WETTER (2001).

Estas são as quatro perspectivas tradicionais do BSC. Entretanto, elas podem ser substituídas e/ou ter outras perspectivas adicionadas de acordo com as características da organização.

A partir da evolução dos conceitos e da aplicação do BSC, as organizações passaram a ter a possibilidade de medir mais objetivamente a efetividade de suas estratégias nas diversas dimensões.

Uma das deficiências que ainda detectamos em parte das organizações é a incapacidade de definir métricas adequadas que possibilitem determinar se os objetivos estratégicos estão efetivamente sendo atingidos.

A medição mais objetiva proporcionada pelo BSC passou a expor que mesmo organizações com maior maturidade no planejamento estratégico nem sempre alcançam o nível de desempenho estratégico esperado, fazendo-as refletir se seus planejamentos estratégicos seriam bons o suficiente e/ou se seus processos de desenvolvimento, revisão e avaliação estariam adequados.

Minha experiência demonstra que, em organizações com maior maturidade em planejamento estratégico, é comum que o problema não resida no planejamento ou nos processos relacionados a ele, e sim em outros dois fatores:

1. Incapacidade da organização em executar bem e com isso atingir o objetivo/sucesso em seus projetos.
2. Incapacidade em selecionar e priorizar projetos com efetiva contribuição para o atingimento dos objetivos estratégicos da organização.

O primeiro fator não faz parte do escopo deste livro, mas está relacionado a utilizar melhores práticas, modelos, *frameworks*, métodos, etc. no gerenciamento e na condução dos projetos, mantendo pessoal devidamente capacitado para atuar e gerenciar os projetos, além de dispor dos recursos necessários à sua execução, visando atingir os objetivos definidos e/ou benefícios esperados em cada um dos projetos. Em suma, a capacidade da empresa de empreender projetos com sucesso.

Em relação à adequada execução dos projetos, algumas deficiências observadas nas organizações são, mas não se limitam a:

- ✓ **Projetos decorrentes do planejamento estratégico tratados como simples planos de ação:** essa falta de reconhecimento de que seus planos de ação são na verdade projetos, muitas vezes grandes e complexos, faz com que a organização os subestime em termos de recursos e gerenciamento, culminando com o seu fracasso.

✓ **Gerenciamento inadequado:** os projetos são conduzidos por profissionais inexperientes nessa disciplina, normalmente gerentes operacionais, que estão acostumados com o gerenciamento de tarefas rotineiras, mas não com o gerenciamento de projetos. Além disso, os gerentes dos projetos normalmente não recebem o *empowerment* necessário para conduzi-los.

✓ **Falta de método adequado:** as organizações não possuem métodos definidos para o gerenciamento de seus projetos, prejudicando a condução e o monitoramento e controle do desempenho deles, além de não possibilitar um processo de lições aprendidas que proporcionaria melhorias contínuas no método utilizado.

✓ **Alocação inadequada de recursos:** o não reconhecimento formal dos projetos acaba prejudicando o processo de alocação de recursos para a sua execução e integração com as tarefas rotineiras da organização.

Já em relação ao segundo fator, este sim tratado neste livro, ele está relacionado a escolher os projetos certos a serem conduzidos pela organização, ou seja, aqueles que realmente contribuam para a execução das estratégias e para o atingimento dos objetivos estratégicos.

Uma deficiência comumente observada é a falha no processo de priorização e seleção dos projetos, que tem como causa a inexistência de métodos formais com tal finalidade.

Nesses casos, não é incomum que a priorização e a seleção dos projetos aconteçam pelo poder de influência de áreas ou indivíduos na organização, o que culmina com o empreendimento de projetos que nem sempre estão diretamente relacionados às estratégias e aos objetivos estratégicos, em detrimento de outros projetos que teriam efetiva contribuição.

Outra consequência é que muitos projetos são cancelados ou suspensos tendo como referência apenas atrasos em cronograma e estouros de orçamento, sem levar em conta outros indicadores de desempenho e a relevância dos projetos no cumprimento das estratégias e dos objetivos estratégicos organizacionais.

Neste livro propomos o **PSA**Canvas como uma ferramenta para facilitar os processos de priorização e seleção dos projetos, sistematizando e tornando tais processos mais colaborativos e menos sujeitos a decisões subjetivas, com o foco na contribuição dos projetos para as estratégias e os objetivos estratégicos, e também com base em outros critérios de priorização e seleção.

Modelos baseados em *canvas*

Os modelos baseados em *canvas* (quadros ou telas) são mapas visuais, pré-formatados, que dão apoio a processos criativos e colaborativos em diversas áreas de aplicação, proporcionando melhor comunicação e maior compreensão e comprometimento com os resultados do processo. São ferramentas que promovem criatividade, análise, discussão e entendimento.

Um dos primeiros modelos, que se tornou muito conhecido, foi o *Business Model Canvas*, proposto originalmente por Alexander Osterwalder e Yves Pigneur em seu livro "Business Model Generation" (2010) e disseminado por Steve Blank como uma ferramenta para aceleração de *startups*.

Os modelos **SP**Canvas (*Strategic Planning Canvas*) e **PSA**Canvas (*Project Strategic Alignment Canvas*) estão entre os diversos modelos que foram criados tendo como ideia original e referência o modelo criado por Osterwalder e Yves Pigneur.

O **SP**Canvas é uma ferramenta de apoio ao processo de desenvolvimento do planejamento estratégico.

O **PSA**Canvas, por sua vez, tem a função de suportar o processo de priorização e seleção de projetos com base no alinhamento com os objetivos estratégicos da organização (ou seja, alinhados com o planejamento estratégico) e com base em outros critérios de priorização e seleção utilizados pela organização.

Capítulo 1. Planejamento Estratégico

Se você não sabe para qual porto está navegando, nenhum vento é favorável.

Sêneca

1.1. Estratégia

É difícil definir a palavra estratégia, pois esta possui vários significados e é um conceito presente em vários contextos.

Seu significado original seria "A Arte do General", que tem origem na palavra do grego antigo *Strátegos* (*stratos* = exército e *ago* = liderança ou comando).

Está relacionada a um plano antecipado do que fazer e/ou como agir para ser bem-sucedido. Figurativamente, podemos dizer que uma estratégia é formulada para resolver ou superar algum problema ou aproveitar alguma oportunidade, o que nos possibilita pensar em estratégia como habilidade, astúcia ou mesmo esperteza.

No ambiente corporativo, podemos utilizar algumas sentenças que caracterizam uma estratégia:

- ✓ Está orientada para o futuro da organização no longo prazo: ponte para o futuro.
- ✓ Como existem múltiplos caminhos para o futuro, formular a estratégia é um conjunto de decisões que define o caminho escolhido para chegar ao objetivo.
- ✓ É uma resposta da organização às demandas do ambiente.
- ✓ Refere-se ao comportamento adaptativo de todas as partes da organização.
- ✓ Precisa ser planejada continuamente: quanto maior a mudança no ambiente, maior a necessidade de formulação e reformulação das estratégias.

✓ Precisa ser implementada.

✓ Precisa ter seu desempenho e seus resultados avaliados.

> **Mentalidade estratégica**
> **Pensar estrategicamente, ou seja, analisar o resultado/impacto de nossas decisões ou ações não somente no curto, mas também no médio e longo prazo, é uma importante habilidade a ser desenvolvida, não somente no ambiente laboral como também no âmbito de nossas relações e atividades pessoais.**

1.2. Planejamento estratégico – conceitos e princípios

> *O planejamento não diz respeito a decisões futuras, mas às implicações futuras de decisões presentes.*
>
> Drucker (1962, citado por OLIVEIRA, 1985)

O planejamento estratégico é um processo gerencial de grande importância e crítico para organizações de todos os portes e setores.

Um bom planejamento impulsiona a empresa na direção correta, auxiliando-a a antecipar-se às ameaças, aproveitar oportunidades e realizar as mudanças/melhorias necessárias ao seu crescimento contínuo e sustentado.

O planejamento estratégico é, segundo Drucker (1984):

> *Um processo contínuo de tomada de decisões empresariais atuais (tomar riscos) de forma sistemática e com o maior conhecimento do futuro; organizar sistematicamente os esforços necessários para a execução dessas decisões; e medir o resultado dessas decisões em confronto com as expectativas através de feedback organizado e sistemático.*

Ao definir que é um "processo contínuo", Drucker põe por terra o falso paradigma de que o planejamento estratégico seria um instrumento que uma vez definido seria imutável. Mesmo o planejamento para curtos horizontes de tempo, como, por exemplo, planejamento anual, necessita ser revisado, seja em períodos preestabelecidos ou por conta de mudanças ocorridas nos ambientes interno e/ou externo que impactam em estratégias e objetivos definidos. Quanto mais dinâmico o ambiente no qual a organização está inserida, maior será a necessidade de revisões em seu planejamento estratégico.

Não é incomum ouvir afirmações como: "planejamento estratégico não funciona, pois não há como adivinhar o futuro".

Essa é uma afirmação equivocada, pois não se trata de um exercício de adivinhação, mas, sim, de tomar decisões sobre os objetivos a atingir e traçar os caminhos (estratégias) a ser seguidos para atingi-los, tendo como base os cenários interno e externo da organização conhecidos naquele momento. Oliveira (1985) escreve que o planejamento estratégico "(...) diz respeito tanto à formulação de objetivos quanto à seleção dos cursos de ação a serem seguidos para sua consecução, levando em conta as condições internas e externas à empresa e sua evolução esperada".

Normalmente existem inúmeros cursos de ação (estratégias) que podem ser seguidos para alcançar os estados futuros desejados (objetivos), obrigando que o planejamento estratégico envolva um processo decisório permanente frente às variáveis ambientais internas e externas à organização, que são dinâmicas e que em algumas áreas de negócio mudam muito rapidamente.

1.3. Processo de desenvolvimento do planejamento estratégico

A definição de Drucker (1984) citada anteriormente nos remete a pensar que, sendo o planejamento estratégico um processo contínuo e sistêmico, é fundamental ter um método eficiente e eficaz para seu desenvolvimento ou revisão, para garantir a agilidade necessária e para que se obtenham melhores resultados nesse processo.

O processo de desenvolvimento ou revisão pode ser conduzido de diversas formas. Na bibliografia disponível sobre o assunto encontram-se diferentes sugestões propostas pelos autores.

No entanto, existem alguns elementos resultantes que estão geralmente presentes em quaisquer dos métodos/processos propostos, como, por exemplo, missão, visão, valores, princípios, objetivos estratégicos e estratégias.

A Figura 2 representa um possível modelo de processo a ser adotado para desenvolver ou revisar o planejamento estratégico.

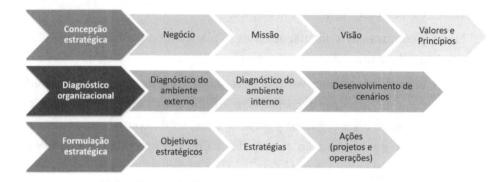

Figura 2 – Processo de desenvolvimento do planejamento estratégico.

> **Processo colaborativo**
>
> A participação do maior número possível de partes interessadas (acionistas, proprietários, executivos, colaboradores de diferentes áreas e níveis na organização, parceiros de negócio, etc.) no processo de desenvolvimento ou revisão do planejamento estratégico traz como resultado um planejamento mais realista e alinhado com as diferentes expectativas e pontos de vista dos envolvidos, tendo como consequência um maior comprometimento e engajamento de todos com a execução das estratégias traçadas e o atingimento dos objetivos definidos.

Mais importante que o resultado final do planejamento é o seu processo de desenvolvimento. O plano deve ser desenvolvido "pela" organização, e não "para" a organização (Oliveira, 1985).

Porém, obter o envolvimento das partes interessadas de forma eficiente no desenvolvimento ou na revisão do planejamento estratégico nem sempre é uma missão fácil para as organizações. Por isso é imprescindível a adoção de métodos que privilegiem, eficientemente, a interação e colaboração das diversas partes interessadas.

1.3.1. Negócio

Ao definir o negócio, explicita-se a área ou âmbito de atuação da organização.

Infelizmente, nem toda organização dedica o tempo e o esforço necessários à reflexão sobre qual é o seu negócio. Segundo Drucker (1984), isso pode conduzir a organização ao fracasso:

> *Qual é o nosso negócio? [...] A questão é que tão raramente perguntamos – ao menos de forma clara e direta – e tão raramente dedicamos um estudo e uma reflexão adequados que esta talvez seja a mais importante causa do fracasso dos negócios.*

O negócio deveria estar relacionado à solução para alguma necessidade do cliente, o benefício gerado para ele e a sua consequente satisfação. Por exemplo: beleza, transporte, entretenimento, energia, etc.

Um exemplo prático que podemos citar é o da Revlon, cujo negócio é definido simplesmente como **beleza**.

> **Um erro comum ao definir o negócio é focar no produto físico oferecido, pois esta é uma visão míope (miopia estratégica) que limita a capacidade de enxergar o efetivo âmbito de atuação e as respectivas oportunidades e ameaças.**

Alguns exemplos de definição de negócio comparando uma visão míope, focada no produto, com uma visão estratégica, que tem seu foco no benefício gerado ao cliente:

	Negócio Visão míope	Negócio Visão estratégica
Revlon	Cosméticos	Beleza
Kopenhagen	Chocolate	Presentes
Ferrovias	Ferroviário	Transporte
Honda	Motocicletas	Transporte
Estúdios de Hollywood	Filmes	Entretenimento

Tabela 1 – Exemplos de definição de negócio com visão míope *versus* visão estratégica.

A visão míope na definição do negócio faz com que a organização, dentre outros malefícios, não identifique seus efetivos concorrentes e a conduz a adotar estratégias inadequadas.

A seguir, um exemplo interessante descrito por Chiavenato e Sapiro (2004) que demonstra a importância da adequada definição do negócio:

> Há cem anos, os fabricantes de carruagens puxadas a cavalo tiveram de fechar as portas logo após a invenção do automóvel. No entanto, os fabricantes de correias para atrelar os cavalos, que também fechariam as portas, redefiniram seu negócio como beneficiadores de couro e mudaram o produto principal – as rédeas – e passaram a ser fornecedores da emergente indústria automobilística, fabricando correias e cintas para os motores de carros.

Se os fabricantes de carruagens tivessem definido seu negócio como transporte, e não carruagens puxadas a cavalo, talvez pudessem ter permanecido no mercado produzindo automóveis ou outros meios de transporte.

Os estúdios de Hollywood, ao redefinirem seu negócio como entretenimento, sabem que seus concorrentes não são apenas outros estúdios, mas também outras formas de entretenimento disponíveis para o público. Ao mesmo tempo em que expandem os produtos oferecidos aos clientes para além dos filmes, como souvenirs, jogos, etc., seja de forma direta ou através de parceiros, desenvolvem e mantêm parcerias para distribuição de seus filmes, por exemplo, com as emissoras de televisão.

1.3.2. Missão

Uma das formas mais singelas de conceituar missão é que ela representa a razão de ser e de existir da organização, seu papel na sociedade (CHIAVENATO; SAPIRO, 2004).

Ao definir a missão, delimita-se a atuação da organização no negócio em que está inserida.

Assim como o negócio, a missão deve ser definida em termos de satisfazer alguma necessidade do ambiente externo, e não de oferecer algum produto ao mercado (KOTLER, 1980).

Deve satisfazer também as demandas das demais partes interessadas da organização, como proprietários, acionistas, parceiros de negócio, etc.

Ao declarar a missão, a organização traduz suas responsabilidades e pretensões junto ao ambiente de negócio, limitando então seu próprio ambiente de atuação.

A missão deve ser orientadora e delimitadora das ações da organização, fazendo com que os limites de atuação fiquem claros para todas as suas partes interessadas, agindo como um fator de inspiração e estímulo principalmente junto aos colaboradores de todos os níveis da organização, tornando homogêneo o entendimento sobre o papel da organização, dando a eles maior e melhor percepção de propósito da organização e do próprio trabalho que realizam.

Fábula dos três operários

Certa ocasião um sábio e seu aprendiz caminhavam por uma estrada em uma vasta região deserta quando enxergaram ao longe três operários trabalhando. O sábio convida o aprendiz para ir conversar com eles.

Ao chegar ao local onde os operários estavam trabalhando o sábio conversa com o primeiro deles:

— O que você está fazendo? – perguntou o sábio.

— Eu estou assentando tijolos – respondeu o primeiro operário.

O sábio agradece ao primeiro operário e observa que é isso mesmo que ele está fazendo.

Então o sábio vai até o próximo operário, que estava fazendo o mesmo trabalho que o primeiro, e conversa com ele:

— O que você está fazendo? – perguntou o sábio.

— Eu estou levantando uma parede – respondeu o segundo operário.

O sábio o agradece e então fala com o terceiro operário, que fazia exatamente o mesmo trabalho que os dois anteriores:

— O que você está fazendo? – perguntou o sábio.

— Eu estou construindo uma catedral – respondeu o terceiro operário.

Adaptação do autor para a parábola do escritor francês Charles Péguy (1873-1914).

Após ler esse diálogo, qual dos três operários você imagina ter maior motivação para trabalhar: o que diz estar assentando tijolos ou o que diz estar construindo uma catedral?

Com certeza a resposta é o último, que tem consciência clara do propósito e da finalidade de seu trabalho.

Uma boa declaração de missão tem o potencial de agir como um elemento motivador e engajar os colaboradores em torno de uma causa conhecida (razão de existir/propósito da organização).

Algumas consequências de uma declaração formal de missão, segundo Chiavenato e Sapiro (2004), são:

- ✓ Ela ajuda a concentrar o esforço das pessoas para uma direção, ao explicitar os principais compromissos da organização.
- ✓ Ela afasta o risco de buscar propósitos conflitantes, evitando desgastes e conflitos durante a execução do planejamento estratégico.
- ✓ Ela fundamenta a alocação dos recursos segundo regras gerais apresentadas pela missão.
- ✓ Ela embasa a formulação das políticas e a definição dos objetivos organizacionais.

Alguns exemplos de declaração de missão:

- ✓ **Google:** organizar as informações do mundo e torná-las mundialmente acessíveis e úteis.
- ✓ **Smithsonian:** aumento e difusão do conhecimento.
- ✓ **Gerdau:** gerar valor para nossos clientes, acionistas, equipes e a sociedade, atuando na indústria do aço de forma sustentável.
- ✓ **Cleveland Clinic:** proporcionar melhores cuidados aos doentes, investigação dos seus problemas e formação contínua daqueles que prestam os serviços.

1.3.3. Visão

A visão é um estado futuro desejado pela organização em um horizonte temporal normalmente de mais longo prazo. Representa o que a organização quer ser no futuro.

Alguns conceitos para visão que podemos citar são:

- ✓ "Algo que se vislumbre para o futuro desejado da empresa" (QUIGLEY, 1993).
- ✓ "Limites que os proprietários e principais executivos da empresa conseguem enxergar dentro de um período de tempo mais longo e uma abordagem mais ampla" (OLIVEIRA, 1985).

Chiavenato e Sapiro (2004) são brilhantes ao falar sobre a visão:

> *A visão de negócios cria um "estado de tensão" positivo entre o mundo como ele é e como gostaríamos que fosse (sonho). Pode servir também como uma fonte inspiradora, um chamamento que estimule e motive as pessoas a verem realizada com sucesso a missão declarada. A visão de negócios associada a uma declaração de missão compõe a intenção estratégica da organização.*

De forma resumida, pode-se dizer que a visão definida pela organização é a imagem (ou sonho) que ela tem a respeito de si no futuro.

A visão constitui-se em uma base ou diretriz para toda e qualquer estratégia a ser adotada, de forma que a organização caminhe ao longo do tempo para alcançar essa visão almejada no futuro.

Chiavenato e Sapiro (2004) dizem que a visão:

> *É a explicação de por que, diariamente, todos se levantam e dedicam a maior parte de seus dias para o sucesso da organização onde trabalham, investem ou fazem negócios. Quanto mais a visão de negócios está alinhada aos interesses dos stakeholders, mais ela pode atender a seus propósitos.*

Duas importantes dicas para a definição da visão, extraídas de Quigley (1993), são:

- ✓ Certifique-se de que a visão e os valores direcionam-se aos focos básicos, ou seja, aos clientes – são os mais importantes –, funcionários e fornecedores.
- ✓ Incremente sua participação de mercado e lucratividade através do aumento da percepção pelos clientes de seus produtos e serviços em relação aos seus concorrentes.

Alguns exemplos de visão:

- ✓ **Ritz-Carlton:** ser o líder mundial em prover viagens, produtos e serviços de hospitalidade de luxo.
- ✓ **Project Management Institute (PMI):** em todo o mundo, organizações vão adotar, valorizar e utilizar gerenciamento de projetos e atribuir o seu sucesso a isso.

- **Gerdau:** ser global e referência nos negócios em que atua.
- **Duratex:** ser empresa de referência, reconhecida como a melhor opção por clientes, colaboradores, comunidade, fornecedores e investidores, pela qualidade de nossos produtos, serviços e relacionamento.

1.3.4. Valores e princípios

Corresponde ao conjunto de crenças fundamentais que a organização respeita e que pautam suas decisões e ações.

Os princípios estão relacionados aos conceitos dos quais a organização não abre mão, como, por exemplo, ética e honestidade. Os valores dizem respeito a atributos e virtudes da organização, o que inclui transparência, respeito à diversidade, cultura para qualidade ou respeito ao meio ambiente (CHIAVENATO; SAPIRO, 2004).

A definição dos valores e princípios deveria ser sempre realizada de forma colaborativa com representantes de diferentes áreas e níveis, representando o pensamento coletivo da organização.

> Os valores e princípios devem ser disseminados, conhecidos e compreendidos por todas as pessoas na organização, que devem ser continuamente orientadas e incentivadas para que qualquer decisão ou ação que tomem tenha como referência e esteja alinhada com o conjunto completo de valores e princípios que orientam a organização.

Exemplo dos valores e princípios da Gerdau:
- Ter a preferência do CLIENTE.
- SEGURANÇA das pessoas acima de tudo.
- PESSOAS respeitadas, comprometidas e realizadas.
- EXCELÊNCIA com SIMPLICIDADE.
- Foco em RESULTADOS.
- INTEGRIDADE com todos os públicos.
- SUSTENTABILIDADE econômica, social e ambiental.

1.3.5. Diagnóstico do ambiente externo

O diagnóstico do ambiente externo está relacionado ao estudo do ambiente de negócio no qual a organização está inserida.

Esse estudo envolve a análise de diferentes dimensões que têm influência na própria organização, bem como em outras organizações inseridas no mesmo ambiente.

Para Chiavenato e Sapiro (2004), existem duas dimensões do ambiente:

1. **Macroambiente:** é o ambiente mais amplo e genérico em que estão todas as organizações envolvidas direta ou indiretamente na atividade da organização que se pretende estudar. É o ambiente genérico e que influencia de maneira semelhante todas as organizações.
2. **Setor de negócios:** é o setor específico do negócio da organização. É constituído por clientes ou consumidores, fornecedores, concorrentes e agências reguladoras. É o ambiente mais próximo e imediato da organização e é onde ela obtém seus recursos e coloca seus produtos e serviços.

A tabela a seguir apresenta os grupos de fatores a analisar:

Fatores do macroambiente	Fatores do setor de negócios
Econômicos	Clientes
Demográficos	Concorrentes
Políticos/Legais	Fornecedores
Sociais	Órgãos reguladores
Culturais	
Tecnológicos	
Ecológicos/Recursos globais	

Tabela 2 – Grupos de fatores para análise do ambiente externo.

A execução do diagnóstico exige que a organização defina quais são as informações pertinentes necessárias e as obtenha para realizar a análise delas com o objetivo de identificar oportunidades e ameaças derivadas do ambiente externo.

> Realizar o diagnóstico do ambiente externo com base somente nas percepções das pessoas envolvidas é um grave equívoco que deve ser evitado pela organização. Toda e qualquer análise realizada durante o diagnóstico externo deve estar baseada em informações com a máxima exatidão e confiabilidade.

Como resultado do diagnóstico do ambiente externo, estarão identificadas as:

- ✓ **Oportunidades:** são fatores ou forças externas sobre as quais a organização não tem controle, mas que, uma vez conhecidas, permitem à organização tomar decisões e ações estratégicas para aproveitá-las positivamente em seu favor.
- ✓ **Ameaças:** são fatores ou forças externas sobre as quais a organização não tem controle e que podem resultar em impactos negativos, mas que se forem conhecidas em tempo hábil permitem à organização tomar decisões e ações estratégicas para tentar evitá-las.

1.3.6. Diagnóstico do ambiente interno

É pelo diagnóstico do ambiente interno que a organização estuda a sua competitividade avaliando suas forças (pontos fortes) e fraquezas (pontos fracos).

Quando a organização conhece as suas forças e fraquezas em relação ao ambiente de negócio no qual atua geram-se as condições necessárias para tomar as decisões e ações estratégicas para ajustes na organização que podem aumentar a sua capacidade competitiva.

Como resultado do diagnóstico do ambiente interno, estarão identificados os:

- ✓ **Pontos fortes:** são fatores internos da organização, sobre os quais ela tem controle, que lhe conferem condição favorável em relação ao ambiente de negócio no qual atua, como, por exemplo, diferenciais em produtos, serviços e processos, capacidades e recursos únicos que a organização possui, etc. São pontos que a organização deveria explorar mais intensamente.
- ✓ **Pontos fracos:** são fatores internos da organização, sobre os quais ela tem controle, que determinam uma posição desfavorável da organização em relação ao ambiente de negócio no qual atua. São pontos que necessitam ser eliminados ou minimizados.

> O diagnóstico do ambiente interno envolve aspectos emocionais das pessoas que participam do processo, que podem encaminhar para a supervalorização de pontos fortes e a minimização ou negação de pontos fracos da organização.
>
> Então ele deve ser realizado com base em informações históricas da organização e não em sensações, evitando ou minimizando os problemas citados, bem como possíveis situações de desentendimento entre os participantes do processo.

Segundo Oliveira (1985), alguns dos fatores a serem considerados no diagnóstico do ambiente interno são:

- ✓ Produtos e serviços atuais.
- ✓ Novos produtos e serviços.
- ✓ Promoção.
- ✓ Imagem institucional.
- ✓ Comercialização.
- ✓ Sistema de informações.
- ✓ Estrutura organizacional.
- ✓ Tecnologia.
- ✓ Suprimentos.
- ✓ Parque industrial.
- ✓ Recursos humanos.
- ✓ Estilo de administração.
- ✓ Resultados empresariais.
- ✓ Recursos financeiros/finanças.
- ✓ Controle de avaliação.

Além dos aspectos citados, outros podem ser avaliados, e dentre eles podem-se destacar os recursos intangíveis, como, por exemplo, conhecimento corporativo, competências essenciais e *know-how*, cuja existência pode lhe conferir uma vantagem competitiva, ou cuja ausência ou insuficiência pode lhe conferir uma desvantagem no ambiente de negócio.

Outros recursos intangíveis incluem, mas não se limitam a:
- ✓ Cultura organizacional.
- ✓ Marcas e patentes.
- ✓ Confiabilidade e reputação.
- ✓ Relação e fidelização de clientes.
- ✓ Capacidade de inovação.

1.3.7. Desenvolvimento de cenários

Durante o processo de desenvolvimento do planejamento estratégico definem-se objetivos que serão perseguidos pela organização e estratégias que serão adotadas para tornar tais objetivos uma realidade.

No presente são tomadas decisões para construir o futuro desejado.

Para que isso seja possível, além de conhecer a situação atual dos ambientes interno e externo da organização, também é necessário o desenvolvimento de cenários, o que inclui:
- ✓ Compreender as forças e/ou causas-raiz que estão por trás da situação atual.
- ✓ Avaliar qual é a possível evolução futura para os fatores dos ambientes internos e externos.
- ✓ Definir premissas e identificar os riscos e seus possíveis impactos.

Para Chiavenato e Sapiro (2004), "o alinhamento dos diagnósticos externos e internos produz as premissas que alicerçam a construção de cenários". Os mesmos autores definem que "o cenário consiste em projeções variadas de tendências históricas para compor o futuro esperado".

Os cenários representam as possíveis condições ambientais no futuro (internas e externas), quando as estratégias definidas durante o planejamento estratégico serão implementadas.

A criação de diferentes cenários alternativos permite a tomada de melhores decisões em relação às estratégias a serem adotadas, maximizando a capacidade da organização de atingir seus objetivos estratégicos.

Quanto mais dinâmicos forem os ambientes interno e/ou externo da organização, mais importantes se tornam o desenvolvimento e o uso de cenários na tomada de decisões estratégicas.

Trabalhar com um único cenário não é recomendado, devido ao grande número de variáveis que normalmente estão envolvidas e à variabilidade delas. Por outro lado, trabalhar com muitos cenários pode se tornar algo muito complexo.

> **Desenvolver três cenários alternativos (mais provável, pessimista e otimista) é uma boa prática que costuma ser suficientemente eficiente e eficaz nesse caso.**

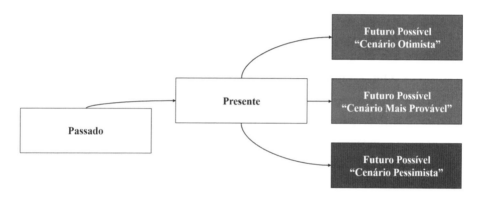

Figura 3 – Cenários futuros. Adaptado de OLIVEIRA, 1985.

Oliveira (1985) sugere que, ao desenvolver os cenários, podem ser utilizados o que ele denomina módulos de ação interatuantes:

- ✓ **Módulo tecnológico:** aborda as principais tendências tecnológicas, os potenciais de desenvolvimento de novas aplicações e as respectivas capacitações necessárias.

- ✓ **Módulo político-econômico:** estuda as projeções dos objetivos e da realidade da macro e da microeconomia, traduzidas nas pressões externas e internas, direta e/ou indiretamente agindo sobre o setor de atuação da empresa.

- ✓ **Módulo produto e prestação de serviços:** analisa as tendências do conjunto de produtos e serviços oferecidos no que se refere aos seus múltiplos aspectos de capacitação em infraestrutura e de operação.

✓ **Módulo propósitos atuais e potenciais:** estuda a situação futura dos vários segmentos em que a empresa atua e/ou existe a possibilidade de algum dia vir a atuar.

✓ **Módulo sociocultural:** estuda as evoluções do quadro social e cultural principalmente quanto aos valores que apresentam maior interação com os outros módulos.

1.3.8. Objetivos estratégicos

Os objetivos estratégicos são resultados que a organização deseja alcançar no horizonte de tempo para o qual o planejamento estratégico está sendo desenvolvido.

Para definir os objetivos estratégicos cruzam-se os elementos que compõem os resultados dos diagnósticos dos ambientes interno e externo da organização, bem como os cenários futuros desenvolvidos.

Quando a definição dos objetivos estratégicos é realizada dessa forma, isso resulta em objetivos realistas e viáveis de serem atingidos, e não meros desejos da organização, muitas vezes inviáveis e desligados da realidade.

Definir objetivos estratégicos realistas, passíveis de serem alcançados, exige que se considerem o tempo e os recursos organizacionais disponíveis.

> Os objetivos devem suscitar nas pessoas um sentimento motivador de desafio a ser superado. No entanto, se forem entendidos como inalcançáveis, isso pode gerar o sentimento contrário, de desmotivação.
>
> A comunicação adequada dos objetivos estratégicos em todos os níveis e áreas da organização é um dos fatores críticos de sucesso para que eles sejam atingidos.

Os objetivos estratégicos, em conjunto com a visão da organização, exercem uma grande influência nas partes interessadas da organização, desde que devidamente definidos e disseminados.

Chiavenato e Sapiro (2004) dizem que "as situações futuras, embora sejam imagens, têm uma força sociológica muito real e influem nas opções e reações atuais de todos os *stakeholders*".

> A organização, por si só, não tem objetivos, visto que é uma pessoa jurídica sem vontade própria. De fato, os objetivos definidos para a organização correspondem à média ponderada dos objetivos das pessoas que os definem. A estabilidade dos motivos e expectativas dos principais executivos da organização pode fazer com que os objetivos não sejam alterados a cada mudança de dirigentes na organização (OLIVEIRA, 1985).

Pelo que está descrito anteriormente, denota-se que se a organização tiver bem definidas sua missão e visão haverá maior estabilidade de seus objetivos estratégicos ao longo do tempo.

É através do atingimento dos objetivos estratégicos definidos para cada ciclo/período do planejamento estratégico que a organização busca alcançar a sua visão no futuro, a mais longo prazo, como está representado na Figura 4.

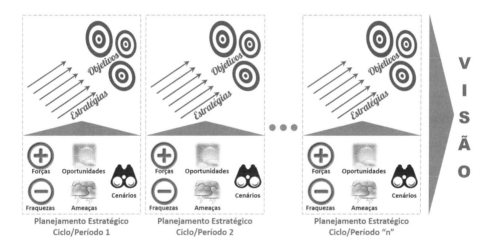

Figura 4 – Resumo do planejamento estratégico através de seus ciclos/períodos.

É natural que a organização defina e tenha vários objetivos estratégicos. Eles precisam ser priorizados com base em critérios que considerem a importância, o nível, a urgência, entre outros fatores, o que permite que a organização tenha foco e empreenda maiores esforços em prol dos objetivos mais prioritários.

Nas organizações que utilizam o *Balanced Scorecard* (BSC) existirão objetivos estratégicos para cada uma de suas perspectivas. Nesse caso, a relação de causa e efeito entre os objetivos nas diferentes perspectivas será um fator que influenciará a priorização deles.

Uma importante característica dos objetivos é que eles devem ser passíveis de monitoramento e controle ao longo do tempo, para verificar se estão sendo atingidos. Com essa finalidade a organização deve, para cada objetivo estratégico:

- ✓ Criar um ou mais indicadores de medição que em conjunto sejam capazes de demonstrar se o objetivo estratégico está sendo alcançado ou não.
- ✓ Definir metas para cada indicador.
- ✓ Medir regularmente os resultados dos indicadores.
- ✓ Comparar os resultados dos indicadores com as metas e tomar as ações corretivas e/ou preventivas necessárias caso existam variações não desejadas.

Alguns exemplos de objetivos estratégicos:

1. Aumentar a participação no mercado para 2%.
2. Aumentar o nível de satisfação dos clientes.
3. Reduzir em 5 pontos o percentual de gastos gerais da organização.
4. Ter ao menos 80% do quadro de funcionários com curso superior.
5. Diminuir a rotatividade de funcionários.
6. Melhorar a imagem da organização junto à sociedade.
7. Elevar o número de novas vendas para os clientes.
8. Aumentar em 10% o valor médio de cada venda.
9. Ter unidades de negócio próprias em todos os países da América Latina.
10. Figurar entre as dez maiores empresas do mesmo segmento de negócio.

Em uma visão hierárquica, os objetivos estratégicos estão relacionados aos resultados da organização como um todo, sendo uma referência para a definição dos:

- ✓ **Objetivos táticos:** objetivos próprios de cada divisão, unidade de negócio ou área da organização.
- ✓ **Objetivos operacionais:** objetivos próprios das iniciativas, operações ou tarefas da organização. São um detalhamento dos objetivos táticos.

Figura 5 – Hierarquia entre objetivos estratégicos, táticos e operacionais.

Como mostra a Figura 5, a definição tem início a partir dos objetivos estratégicos, que determinam os propósitos maiores para a organização e assim inspiram a criação de objetivos táticos e operacionais alinhados a eles.

Por outro lado, os objetivos estratégicos somente serão alcançados se os objetivos táticos e operacionais forem atingidos, em uma perceptível relação de causa e efeito.

> **Administração Por Objetivos (APO)**
>
> Este é um estilo de administração em que há ênfase na definição de objetivos tangíveis, passíveis de monitoramento e controle. Troca-se o foco das atividades-meio para os resultados finais esperados, e a partir deles definem-se os meios para que eles sejam alcançados.
>
> Organizações que adotam esse estilo de administração decompõem seus objetivos estratégicos em objetivos táticos e operacionais, e até mesmo em objetivos individuais, de forma que cada um, com sua contribuição específica, colabore num efeito cascata de baixo para cima com o atingimento dos objetivos estratégicos da organização.

1.3.9. Estratégias

Na seção 1.1 o leitor encontra o conceito geral sobre o que é estratégia. Mas o que são ou representam as estratégias no contexto do planejamento estratégico?

Ao estabelecer seus objetivos estratégicos a organização define "O QUE" almeja alcançar ou "AONDE" pretende chegar.

Através das estratégias a organização define "COMO" atingirá os seus objetivos estratégicos, ou seja, quais são os caminhos a adotar que permitirão alcançar os objetivos almejados.

As estratégias são um desdobramento dos objetivos estratégicos, numa relação "n" para "n", como representado na Figura 6.

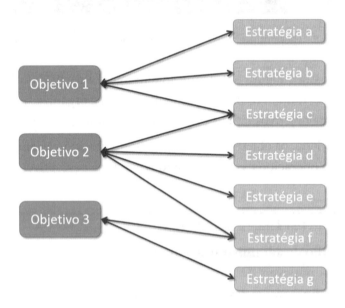

Figura 6 – Desdobramento dos objetivos estratégicos em estratégias.

Nesta figura pode-se observar que cada objetivo estratégico tem várias estratégias relacionadas a eles, e existem estratégias que contribuem com o atingimento de mais de um objetivo, como é o caso das estratégias "c" e "f".

Quanto melhores as estratégias, maiores serão as chances de ver os objetivos estratégicos alcançados ou até mesmo superados. De acordo com Chiavenato e Sapiro (2004):

O sucesso no alcance dos objetivos organizacionais almejados será função da implementação de boas estratégias, que possibilitem o planejador a deslocar, realocar, ajustar, reconciliar de modo sistemático os recursos organizacionais disponíveis, aproveitando as oportunidades emergentes no ambiente e neutralizando as ameaças.

Na Figura 4 (apresentada na seção 1.3.8) observamos que os pontos fortes e fracos da organização, as oportunidades e as ameaças do ambiente externo, e os possíveis cenários futuros, são os elementos que dão base para a definição das estratégias que serão adotadas para atingir os objetivos estratégicos.

Para a formulação das estratégias devem ser considerados, além dos fatores mencionados, a missão e os valores e princípios da organização, que delimitam o seu escopo de atuação e as diretrizes para a tomada de decisões e ações em seu âmbito interno.

A cultura organizacional é um fator que também influencia fortemente o processo de formulação das estratégias, impactando diretamente nas estratégias formuladas e escolhidas para serem adotadas.

A Figura 7 representa uma visão holística do processo de formulação de estratégias com suas entradas e saída.

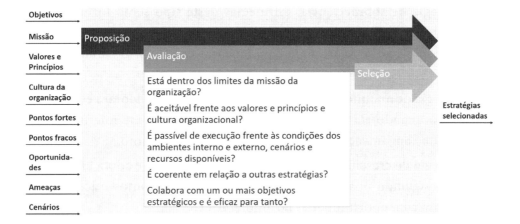

Figura 7 – Visão holística do processo de formulação de estratégias.

O processo de formulação constitui-se basicamente de três grandes etapas:

- ✓ **Proposição:** etapa na qual os participantes do processo elaboram e propõem estratégias a serem adotadas.
- ✓ **Avaliação:** etapa na qual as estratégias propostas passam por uma análise dos participantes sob diferentes critérios para verificar se são aceitáveis ou não.
- ✓ **Seleção:** etapa em que as estratégias que passaram pela etapa de avaliação e são entendidas como aceitáveis são definitivamente selecionadas pelos participantes do processo.

A saída do processo de formulação são as estratégias selecionadas pela organização que serão implementadas posteriormente através de ações.

As etapas do processo ocorrem de forma iterativa (repetem-se várias vezes) e interativa, até que se tenham estratégias formuladas para todos os objetivos estratégicos anteriormente definidos.

Tipos de estratégia

As estratégias podem ser classificadas em basicamente quatro grandes tipos:

1. Estratégia de sobrevivência: estratégias deste tipo serão formuladas e adotadas nos casos em que a organização possui em seu ambiente interno pontos fracos que se relacionam com ameaças existentes no ambiente externo.

2. Estratégia de manutenção: a organização formulará e adotará estratégias deste tipo quando ela tem pontos fortes em seu ambiente interno que se relacionam com ameaças identificadas no ambiente externo.

3. Estratégia de crescimento: uma organização formula e adota estratégias deste tipo quando possuir em seu ambiente interno pontos fracos que se relacionam com oportunidades no ambiente externo.

4. Estratégia de desenvolvimento: serão formuladas e adotadas estratégias deste tipo nos casos em que a organização tem pontos fortes em seu ambiente interno que se relacionam com oportunidades identificadas no ambiente externo.

A Figura 8 apresenta um exemplo de estratégias definidas para um objetivo estratégico.

Figura 8 – Exemplo de estratégias para um objetivo estratégico.

1.3.10. Ações (projetos e operações)

Não basta para uma organização apenas definir as estratégias que adotará para atingir seus objetivos estratégicos.

As estratégias precisam ser implementadas!

A organização implementa as suas estratégias através de ações, que por sua vez podem ser divididas basicamente em:

✓ Programas e projetos.

✓ Operações (comumente chamadas de "processos").

Através de suas operações (atividades constantes e repetitivas) as organizações produzem valor. Elas podem ser conceituadas também como processos ou esforços de trabalho que são realizados de forma repetitiva na organização de acordo com procedimentos definidos, como, por exemplo, operações de produção, operações contábeis, operações de marketing, operações de manutenção, etc.

No contexto deste livro, operações estão relacionadas aos processos de negócio da organização e aos respectivos processos primários, de suporte e de gerenciamento que os compõem.

Para a *Association of Business Process Management Professionals* (2013):

- ✓ **Processo de negócio:** é um trabalho que entrega valor para os clientes ou apoia/gerencia outros processos. Esse trabalho pode ser ponta a ponta, interfuncional e até mesmo interorganizacional. A noção de trabalho ponta a ponta interfuncional é chave, pois envolve todo o trabalho, cruzando limites funcionais necessários para entregar valor para os clientes.

- ✓ **Processo primário:** é um processo tipicamente interfuncional ponta a ponta (e até interorganizacional ponta a ponta) que agrega valor diretamente para o cliente. Processos primários são frequentemente referenciados como processos essenciais ou finalísticos, pois representam as atividades essenciais que uma organização executa para cumprir sua missão. Esses processos constroem a percepção de valor pelo cliente por estarem diretamente relacionados à experiência de consumo do produto ou serviço.

- ✓ **Processo de suporte:** existe para prover suporte a processos primários, mas também pode prover apoio a outros processos de suporte (processos de suporte de segundo nível, terceiro nível e sucessivos) ou processos de gerenciamento. A diferença principal entre os processos primários e os de suporte é que processos de suporte entregam valor para outros processos e não diretamente para os clientes.

- ✓ **Processo de gerenciamento:** tem o propósito de medir, monitorar, controlar atividades e administrar o presente e o futuro do negócio. Processos de gerenciamento, assim como os processos de suporte, não agregam valor diretamente para os clientes, mas são necessários para assegurar que a organização opere de acordo com seus objetivos e metas de desempenho.

Por outro lado, é através de seus programas e projetos (atividades projetizadas) que as organizações inovam e aumentam a capacidade de produzir valor, criando ou melhorando produtos, serviços ou outros resultados, o que garante a manutenção de sua competitividade e sua sobrevivência. Isso inclui a criação e implantação de novas operações ou melhorias nas operações existentes.

Para o *Project Management Institute* (2013, p. 3):

> Projeto é um esforço temporário empreendido para criar um produto, serviço ou resultado único. A natureza temporária dos projetos indica que eles têm um início e um término definidos. [...] O resultado do projeto pode ser tangível ou intangível.
>
> Um programa é definido como um grupo de projetos, subprogramas e atividades de programa relacionados, gerenciados de modo coordenado visando a obtenção de benefícios que não estariam disponíveis se eles fossem gerenciados individualmente.

A Figura 9 mostra que cada estratégia é implementada por uma ou mais ações (programas/projetos e operações), e podem existir ações que contribuam com a implementação de mais de uma estratégia, como é o caso da operação "x".

Figura 9 – Ações para implementação das estratégias.

Para Chiavenato e Sapiro (2004), "as estratégias são implementadas por meio de táticas, que são esquemas detalhados de emprego dos recursos organizacionais previstos por planos operacionais".

É nas operações e nos projetos que será efetuada a alocação dos recursos organizacionais necessários à ação estratégica, tais como: recursos humanos, máquinas, equipamentos, instalações, recursos financeiros, etc.

As atuais operações (processos de negócio) da organização devem (ou deveriam) ser identificadas para que seja tomada a decisão de mantê-las ou descontinuá-las. Essa avaliação se faz necessária frente às mudanças nas estratégias, que podem fazer com que uma ou mais operações deixem de fazer sentido e/ou contribuir com as estratégias organizacionais.

Não é objetivo deste livro tratar sobre o processo de avaliação das operações atuais da organização.

Já no caso de implementações de novas operações, elas devem ser propostas através de programas e projetos com a finalidade de desenvolvê-las e implantá-las.

Como mostra a Figura 9, cada estratégia, para ser implementada, pode exigir a execução de vários programas e/ou projetos.

Sendo assim, faz-se necessária a proposição de programas e projetos que implementem a totalidade das estratégias selecionadas, ou seja, cada estratégia deve ter ao menos um projeto ou programa relacionado a ela, pois, caso contrário, não serão realizadas ações e a estratégia não será implementada.

Uma vez conhecidas as estratégias, todas as áreas da organização têm as informações necessárias para propor os programas e/ou projetos para implementá-las.

Uma boa prática a ser adotada é que o planejamento estratégico seja divulgado em toda a organização logo após encerrada a definição das estratégias. Então define-se um prazo no qual as áreas organizacionais devem apresentar, de forma individual ou conjunta, as suas propostas de programas e/ou projetos a ser conduzidos, bem como as operações atuais que devem ser mantidas, tendo como premissa básica o alinhamento aos objetivos estratégicos e às estratégias organizacionais.

Por sua vez, os programas e projetos propostos precisarão ser priorizados e selecionados, de forma a escolher quais são aqueles que de fato deveriam ser executados pela organização e qual é a ordem de prioridade de cada um deles.

A priorização e a seleção dos programas e projetos serão tratadas em detalhes nos capítulos 3 e 4 deste livro.

Capítulo 2. O Modelo SPCanvas – *Strategic Planning Canvas*

2.1. O modelo e sua finalidade

O *Strategic Planning Canvas* (**SP**Canvas) foi criado para ser uma ferramenta de apoio ao desenvolvimento (ou revisão) do planejamento estratégico de uma forma visual, interativa e colaborativa, envolvendo efetivamente as partes interessadas ao longo de todo o processo.

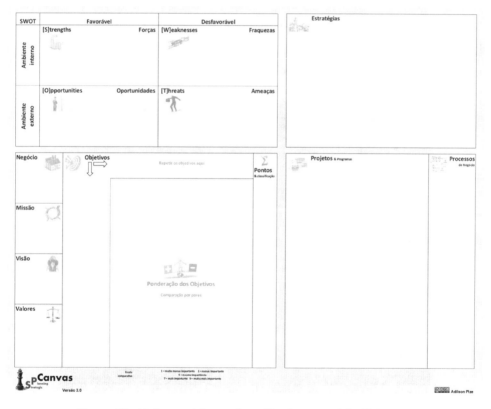

Figura 10 – Visão geral do quadro utilizado no modelo **SP**Canvas.

O **SP**Canvas, por ser visual, funciona também como uma ferramenta eficiente e eficaz de comunicação para divulgar/disseminar o planejamento estratégico em toda a organização.

Ele tem como referência vários modelos pesquisados, em especial o modelo Harvard, tendo sido testado ao longo de vários anos em oficinas realizadas em todo o Brasil, recebendo sugestões de diversos profissionais que o utilizaram, até chegar à versão que está presente neste livro, que continua em evolução para agregar melhorias que tornem o processo de desenvolvimento do planejamento estratégico cada vez mais simples, interativo, colaborativo, eficiente e agradável de ser executado.

2.2. O quadro do SPCanvas e seus componentes

O quadro do **SP**Canvas é composto por cinco grandes blocos de informações:
1. Bases estratégico-filosóficas.
2. Análise de ambientes (interno e externo).
3. Objetivos estratégicos.
4. Estratégias.
5. Projetos (e programas) e processos de negócio.

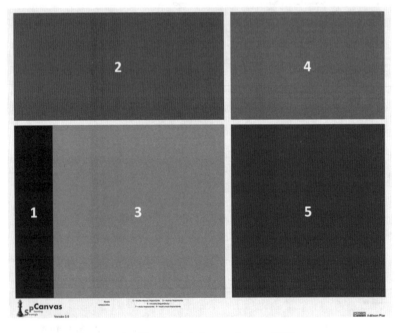

Figura 11 – Blocos de informações no **SP**Canvas.

Este quadro e seus blocos permitem criar, e posteriormente divulgar, uma imagem clara do planejamento estratégico da organização e de cada um dos elementos que o compõem.

2.3. Materiais necessários para usar o modelo SPCanvas

Quadro do SPCanvas

O quadro deve ser impresso (ou desenhado) em uma grande superfície para permitir rascunhar e discutir em equipe, de forma colaborativa, cada um dos elementos que o compõem.

A recomendação é a impressão no tamanho A0 (841 mm x 1189 mm – padrão ISO 216), na orientação paisagem.

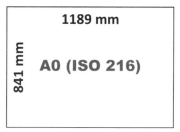

O quadro para impressão no tamanho A0 está disponível em arquivo para *download* em diversos idiomas no site <www.canvasworld.com.br>.

Notas adesivas

Para incluir as informações utilize blocos de notas adesivas (*post-it*®).

No **SP**Canvas utilizam-se dois tamanhos de blocos de notas adesivas:

✓ 76 mm x 102 mm.

✓ 47,6 mm x 47,6 mm (opcionalmente, pode ser no tamanho 38 mm x 50 mm).

Canetas hidrográficas

Os membros da equipe devem ter disponíveis canetas, preferencialmente hidrográficas com ponta grossa de 4mm, para escrever nas notas adesivas.

É importante que cada membro da equipe tenha consigo uma caneta, o que possibilita que todos sejam participativos no processo criativo escrevendo e apresentando suas próprias ideias.

2.4. Quem participa do desenvolvimento do planejamento estratégico?

Um dos fundamentos do **SP**Canvas é a colaboração, ou seja, que o processo seja conduzido de forma interativa e colaborativa, envolvendo o maior número possível de partes interessadas da organização, com vistas a agregar diferentes pontos de vista nas discussões e obter maior comprometimento e engajamento com os objetivos estratégicos definidos e as estratégias traçadas.

Dessa forma, dentre as partes interessadas que deveriam participar podemos destacar, não se limitando a:

- ✓ Proprietários e acionistas.
- ✓ Executivos.
- ✓ Colaboradores de diferentes áreas e níveis na organização.
- ✓ Parceiros de negócio.
- ✓ Consultores especializados em negócios e/ou planejamento estratégico.

Quaisquer outras partes interessadas que possam contribuir com as discussões em torno dos elementos que compõem o planejamento estratégico devem ser convidadas para participar do processo.

Participação ativa

Todas as pessoas convidadas devem participar ativamente das discussões – e se não estiverem participando devem ser motivadas para tal.

O uso de algumas práticas simples pode gerar bons resultados, como fazer com que cada um escreva suas próprias ideias. Para tanto, todos devem ter notas adesivas e canetas à disposição durante o processo.

- Como o processo terá a participação de várias pessoas, **é necessário que seja definido um facilitador** para organizar e conduzir o processo ao longo de todas as suas etapas.
- Utilizar um facilitador externo à organização, como um consultor especializado em planejamento estratégico, normalmente traz melhores resultados, devido a sua maior experiência na condução desse tipo de processo, bem como por ser visto como uma figura isenta em relação a qualquer uma das partes interessadas.
- Se a quantidade de pessoas participando for muito grande, sugere-se que sejam formados grupos de trabalho menores, de cinco a sete pessoas, conduzindo as discussões inicialmente nos grupos, seguido de uma discussão geral e compilação final dos resultados/definições.

2.5. Processo de desenvolvimento do planejamento estratégico com o SPCanvas

O processo de desenvolvimento do planejamento estratégico com a aplicação do **SP**Canvas é dividido em cinco etapas, uma para o preenchimento das informações de cada um dos blocos anteriormente citados que compõem o quadro (ver seção 2.2).

2.5.1. Bases estratégico-filosóficas

Esta etapa do processo é dedicada à discussão e definição dos elementos do planejamento estratégico aqui denominados de bases estratégico-filosóficas da organização, compostas por:

✓ Negócio.
✓ Missão.
✓ Visão.
✓ Valores.

38 Planejamento Estratégico e Alinhamento Estratégico de Projetos

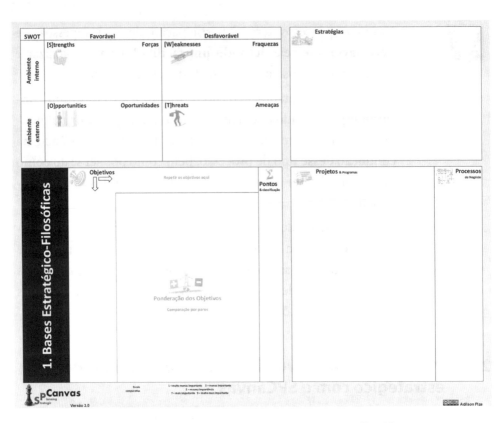

Figura 12 – SPCanvas – Bloco 1 – Bases estratégico-filosóficas.

> Mesmo que sua organização já possua planejamento estratégico e revise-o com frequência, é imprescindível rever as bases estratégico-filosóficas cada vez que o processo for realizado, como forma de realizar potenciais ajustes ou mesmo reforçar entre os participantes as bases estratégico-filosóficas anteriormente definidas.

Cada elemento deve ser discutido individualmente e ser definido antes de passar para o próximo. Caso perceba-se a necessidade, ao discutir um dos elementos pode-se retornar a um elemento anterior para que ele seja melhorado ou redefinido.

Os participantes devem ser incentivados a escrever e reescrever a definição para cada um dos elementos quantas vezes for necessário até chegar a um resultado aceito por todos. Se as pessoas estiverem divididas em grupos de trabalho menores, isso vale para os pequenos grupos e para o grande grupo como um todo.

Negócio

Definir inicialmente qual é o negócio da organização, ou seja, sua área ou âmbito de atuação.

O negócio deve estar relacionado à solução para alguma necessidade do cliente, o benefício gerado para ele e a sua consequente satisfação.

Figura 13 – Exemplo de definição do negócio no **SP**Canvas.

Exemplos de negócio: beleza, transporte, entretenimento, energia, etc.

Veja os detalhes sobre negócio e sua definição na seção 1.3.1.

- Utilize as notas adesivas de 76 mm x 102 mm para escrever a definição do negócio da organização.
- O facilitador deve ficar atento para que os participantes não foquem sua discussão nos produtos fornecidos pela organização, o que os fará recair na chamada miopia estratégica. Deve-se manter o foco nas necessidades, nos benefícios e na satisfação dos clientes que são atendidos pela organização.

Missão

Uma vez que o negócio da organização esteja definido, parte-se para a definição da missão, que delimita a atuação da organização no negócio em que está inserida.

A missão representa a razão de ser e existir da organização, seu papel na sociedade e, assim como o negócio, deve ser definida em termos de satisfazer alguma necessidade do cliente e não em oferecer algum produto ao mercado, satisfazendo também as demandas das demais partes interessadas da organização, como proprietários, acionistas, parceiros de negócio, etc.

Figura 14 – Exemplo de declaração da missão no **SP**Canvas.

Exemplo de missão: "organizar as informações do mundo e torná-las mundialmente acessíveis e úteis" (Google).

Veja os detalhes sobre missão e sua declaração na seção 1.3.2.

- Utilize as notas adesivas de 76 mm x 102 mm para escrever a declaração de missão da organização.
- Os participantes devem ser orientados a manter a discussão na razão de ser e nos limites de atuação da organização.
- Eventualmente algum participante pode sentir a necessidade de voltar à discussão sobre o negócio da organização. Se houver consenso entre os participantes acerca dessa necessidade, retorna-se à discussão sobre o negócio, porém o facilitador deve ficar atento para que os participantes não entrem em um *loop*, não conseguindo seguir adiante no processo.

Visão

Declarada e entendida a razão de ser da organização (a sua missão), será definida a visão, que representa uma imagem (ou sonho) que a organização tem a respeito de si no futuro e que será uma importante diretriz para toda e qualquer estratégia a ser adotada, de forma que a organização caminhe ao longo do tempo para alcançar essa visão almejada no futuro.

> A visão pode ser inspiradora, um senso comum de propósito em um prazo mais longo, e dessa forma agir como fator de motivação e engajamento das partes interessadas da organização em busca do futuro almejado.

Além de questões racionais, também estarão envolvidas questões de ordem emocional que impactarão nas pessoas que estiverem participando do processo de definição da visão (OLIVEIRA, 1985).

Figura 15 – Exemplo de descrição da visão de futuro no **SP**Canvas.

Exemplo de visão: "ser empresa de referência, reconhecida como a melhor opção por clientes, colaboradores, comunidade, fornecedores e investidores, pela qualidade de nossos produtos, serviços e relacionamento" (Duratex).

Veja outros exemplos e detalhes sobre visão na seção 1.3.3.

- Utilize as notas adesivas de 76 mm x 102 mm para escrever a visão de futuro da organização.
- Como a visão reflete um estado futuro desejado para a organização, é necessário que seja determinado o horizonte temporal a ser considerado em sua definição. Exemplo: cinco anos, dez anos, etc. Isso deve estar claro para todos os participantes, para orientar a discussão.
- Os proprietários e acionistas são figuras centrais na definição da visão para o futuro da organização, então deve-se incentivar a participação ativa deles nesse processo. Preferencialmente, a discussão deve ter início com sugestões dadas por eles, e a partir daí os demais participantes entram na discussão.
- Algumas perguntas que podem ajudar a orientar a discussão são: o que nós (a organização) queremos ser no futuro? Quais são os valores básicos que prezamos? Quais são as expectativas do mercado no qual atuamos? Quais são as expectativas das partes interessadas de nossa organização e como engajá-las em busca da visão de futuro almejada?
- Descrições de visão mais efetivas são normalmente aquelas que têm como características serem concisas, claras e, ao mesmo tempo, poderosas para mobilizar e engajar as partes interessadas da organização.

Valores

Uma das etapas de extrema importância no processo de desenvolvimento do planejamento estratégico é a de discussão e definição de quais são os valores e princípios da organização, ou seja, o seu conjunto de crenças fundamentais.

Essa importância se dá pelo fato de que os valores e princípios pautam suas decisões e ações, não somente no que diz respeito ao desenvolvimento e à implementação do planejamento estratégico, mas em toda e qualquer decisão tomada e ação realizada no dia a dia da organização, sejam elas em seus projetos ou operações.

> Infelizmente existem organizações que não agem em conformidade com os seus valores e princípios, como, por exemplo, aquelas que têm entre os valores e princípios a ética, mas na condução de seus negócios envolvem-se em práticas ilegais; ou ainda aquelas que declaram respeito aos colaboradores e na prática permitem casos de assédio moral.

Figura 16 – Exemplo de descrição dos valores e princípios no **SP**Canvas.

Alguns exemplos de possíveis valores e princípios: ética nas ações, satisfação dos clientes, retorno aos acionistas, preservação do meio ambiente, etc.

Veja os detalhes sobre valores e princípios, incluindo um exemplo real de uma organização, na seção 1.3.4.

- Utilize as notas adesivas de 76 mm x 102 mm para escrever os valores e princípios da organização.
- O uso da técnica de *brainstorming* mostra-se bastante eficiente e eficaz na definição dos valores e princípios da organização. No entanto, para assegurar a sensação de efetiva participação, é importante que cada participante dê suas sugestões e ele mesmo as escreva nas notas adesivas. Como determinam as boas práticas da técnica de *brainstorming*, as ideias são discutidas somente após se esgotarem as sugestões de todos os participantes, quando então são procuradas ideias repetidas e, se necessário, reescrevem-se as ideias que necessitam de maior clareza na sua descrição.

44 Planejamento Estratégico e Alinhamento Estratégico de Projetos

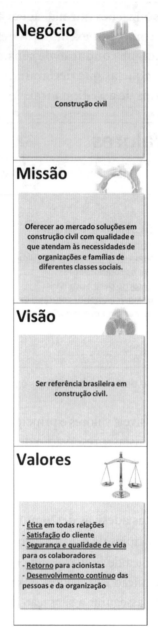

Figura 17 – Visão geral das bases estratégico-filosóficas incluídas no **SP**Canvas.

> Quando definir as bases estratégico-filosóficas? Antes ou depois da análise de ambientes?
>
> Há profissionais que defendem que primeiro seja realizada a análise dos ambientes internos e externos da organização para depois definir as bases estratégico-filosóficas.
>
> Há situações em que esta pode ser a melhor alternativa, como nos seguintes casos:
>
> - ✓ A organização não possui missão e visão definidas.
> - ✓ A definição nunca foi realizada de forma colaborativa com o envolvimento necessário das partes interessadas para a discussão desses elementos.
> - ✓ As partes interessadas possuem pouco conhecimento e/ou informações sobre os ambientes interno e externo para conduzir a discussão sobre as bases estratégico-filosóficas da organização.
>
> Nesses casos, é possível inicialmente definir apenas qual é o negócio da organização e então conduzir a análise dos ambientes interno e externo, retornando depois disso para a definição dos demais elementos que compõem as bases estratégico-filosóficas.
>
> O certo é que não há uma única ou melhor ordem para conduzir o processo de desenvolvimento do planejamento estratégico. A definição deve ser situacional e realizada com antecedência, adotando-se aquela que potencialmente possa trazer melhores resultados.

2.5.2. Análise de ambientes (interno e externo)

Esta etapa do processo é dedicada à discussão e análise dos ambientes interno e externo da organização.

No modelo **SP**Canvas utiliza-se a matriz SWOT (*Strengths*, *Weaknesses*, *Opportunities* e *Threats*) para facilitar a discussão, identificação e documentação das forças, fraquezas, oportunidades e ameaças presentes, respectivamente, nos ambientes interno e externo da organização.

SWOT	Favorável	Desfavorável
Ambiente interno	[S]trengths Forças	[W]eaknesses Fraquezas
Ambiente externo	[O]pportunities Oportunidades	[T]hreats Ameaças

Figura 18 – Estrutura da matriz SWOT.

A Figura 18 demonstra a estrutura básica da Matriz SWOT, que foi criada por Albert Humphrey entre as décadas de 1960 e 1970.

No quadro do **SP**Canvas a Matriz SWOT constitui o segundo bloco de informações, destinado à análise de ambientes, como pode-se observar na Figura 19.

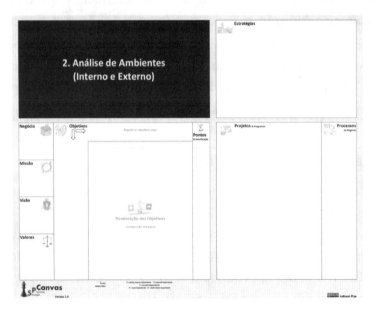

Figura 19 – **SP**Canvas – Bloco 2 – Análise de ambientes.

2.5.2.1. Ambiente interno

Em relação ao ambiente interno da organização, a discussão deve ser em torno de seus pontos fortes (forças) e pontos fracos (fraquezas).

Veja fatores a considerar e outros detalhes sobre análise do ambiente interno da organização na seção 1.3.6.

Forças (_S_trengths)

Fatores internos sobre os quais a organização tem controle e que lhe conferem uma condição favorável em relação ao ambiente de negócio no qual atua.

O que a organização faz de melhor, capacidades e recursos únicos que a organização possui. São fatores que a organização deveria explorar mais intensamente para se aproveitar melhor deles.

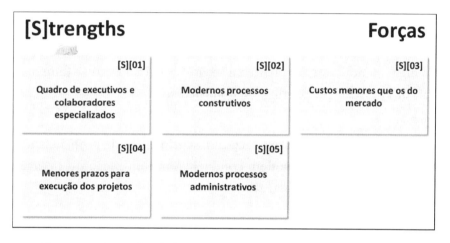

Figura 20 – Exemplos de forças incluídas na matriz SWOT no **SP**Canvas.

Fraquezas (_W_eaknesses)

Fatores internos sobre os quais a organização tem controle e que determinam uma posição desfavorável da organização em relação ao ambiente de negócio no qual atua.

O que a organização sabe que faz pior que os seus concorrentes. São fatores que a organização necessita eliminar ou minimizar para se tornar mais forte e competitiva.

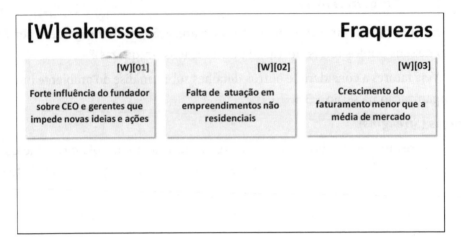

Figura 21 – Exemplos de fraquezas incluídas na matriz SWOT no **SP**Canvas.

Conduzir a análise do ambiente interno não é das tarefas mais fáceis, pois, como mencionado anteriormente na seção 1.3.6, isso envolve fatores emocionais das pessoas que participam do processo.

Fraquezas

Ao discutir as fraquezas da organização, sentimentos de propriedade e/ou paternidade/maternidade podem conduzir à minimização ou negação de aspectos negativos da organização.

Forças

Por outro lado, os mesmos fatores emocionais podem fazer com que as forças identificadas sejam supervalorizadas ou correspondam a um estado desejado (um sonho) e não ao estado real existente na organização.

Então a análise deve ser realizada com base em informações históricas da organização e não em sensações, evitando e/ou minimizando os problemas mencionados e o risco de confronto entre os participantes do processo.

- Utilize as notas adesivas de 47,6 mm x 47,6 mm para registrar as forças e fraquezas, escrevendo-as individualmente em cada nota adesiva.
- Uma boa prática é **preceder a identificação e discussão das forças e fraquezas por uma apresentação completa (e realista) dos resultados obtidos pela organização desde a última revisão do planejamento estratégico**, incluindo: informações sobre atingimento de objetivos estratégicos e indicadores de desempenho, situação e desempenho dos projetos, eficiência e eficácia das operações (processos de negócio), etc. Veja na seção 1.3.6 uma relação de fatores que podem ser incluídos na apresentação.
- Inclua no canto superior direito da nota adesiva um código identificador único para cada força e fraqueza. Esse código será utilizado posteriormente para fazer referência a elas. Utilize a letra **S** (*Strength*) para as forças e a letra **W** (*Weakness*) para as fraquezas, seguidas de um número sequencial. Exemplo: [S][01], [S][02], [S][03], ... [W][01], [W][02], [W][03], ...

2.5.2.2. Ambiente externo

Em relação ao ambiente externo, a discussão deve ter foco nas oportunidades e ameaças relativas ao ambiente de negócio no qual a organização está inserida.

Veja grupos de fatores a considerar e outros detalhes sobre análise do ambiente externo da organização na seção 1.3.5.

Oportunidades (*Opportunities*)

Fatores ou forças externas sobre as quais a organização não possui controle, mas que, se forem conhecidas, permitem que sejam tomadas decisões e ações estratégicas para aproveitar esses fatores positivamente em seu favor.

São oportunidades disponíveis que podem ser aproveitadas e as condições atuais ou tendências do mercado no qual a organização está inserida que têm o potencial de gerar impacto positivo.

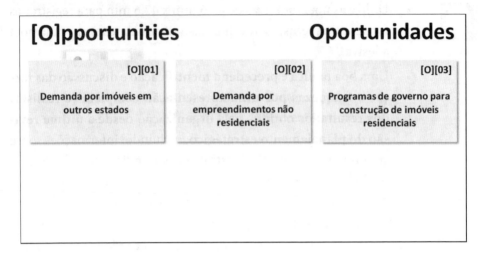

Figura 22 – Exemplos de oportunidades incluídas na matriz SWOT no **SP**Canvas.

Ameaças (*Threats*)

Fatores ou forças externas sobre as quais a organização não possui controle, mas que, se forem conhecidas em tempo hábil, permitem à organização tomar decisões e ações estratégicas para tentar evitá-las, não permitindo que resultem em impactos negativos.

São condições do mercado, tendências, ações atuais ou potenciais de concorrentes que podem impactar negativamente na organização.

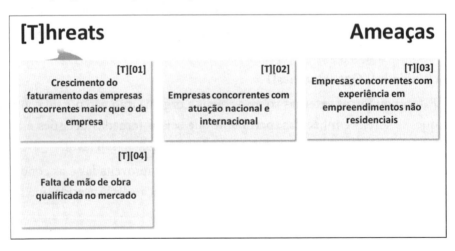

Figura 23 – Ameaças incluídas na matriz SWOT no **SP**Canvas.

O Modelo SPCanvas – *Strategic Planning Canvas* 51

> Realizar a análise do ambiente externo de negócio no qual a organização está inserida exige informações com a máxima exatidão e confiabilidade.
>
> Como mencionado anteriormente na seção 1.3.5, é um grave erro conduzir a análise com base apenas em premissas (suposições) e nas percepções das pessoas envolvidas, pois isso pode conduzir à tomada de decisões estratégicas:
>
> ✓ Fundamentadas em falsas oportunidades e/ou ameaças.
>
> ✓ Que deixam de considerar oportunidades e/ou ameaças existentes por elas não serem identificadas.
>
> Fatores emocionais também podem ter algum impacto na análise do ambiente externo, como, por exemplo, a dificuldade das pessoas que participam do processo em reconhecer ameaças provenientes de concorrentes (aspectos em que eles são melhores e/ou se destacam).

- Utilize as notas adesivas de 47,6 mm x 47,6 mm para registrar as oportunidades e ameaças, escrevendo-as individualmente em cada nota adesiva.

- Uma boa prática a ser adotada é **preceder a identificação das oportunidades e ameaças por uma apresentação sobre a situação do ambiente externo**, incluindo informações sobre: economia e mercado financeiro, política, mercados regional, nacional e internacional, tendências, fornecedores, concorrência, mercado de mão de obra, evolução tecnológica, órgãos reguladores e/ou governamentais, etc. Veja na seção 1.3.5 uma relação de grupos de fatores que podem ser incluídos na apresentação.

- Se a organização não possuir as informações necessárias disponíveis, e não existir uma área de inteligência que possa obtê-las, uma alternativa é fazer uso de uma consultoria externa especializada na área do negócio para conduzir a apresentação.

- Não é incomum identificar fatores que sejam considerados oportunidades sob um determinado ponto de vista e ao mesmo tempo ameaças se analisados sob outro ângulo. Um exemplo: grande aumento de demanda de um produto desenvolvido e comercializado pela organização pode ser visto como uma oportunidade sob o ponto de vista de aumento de demanda no mercado, que pode refletir no aumento de vendas, mas também pode ser uma ameaça caso a organização não tenha capacidade imediata de suprir toda a demanda e os concorrentes já possuam tal capacidade. Nessa situação, a recomendação é incluir o fator como oportunidade e também como ameaça.
- Inclua no canto superior direito da nota adesiva um código identificador único para cada oportunidade e ameaça. Esse código será utilizado posteriormente para fazer referência a elas. Utilize a letra **O** (**O**pportunity) para as oportunidades e a letra **T** (**T**hreat) para as ameaças, seguidas de um número sequencial. Exemplo: [O][01], [O][02], [O][03], ... [T][01], [T][02], [T][03], ...

2.5.2.3. Análise SWOT

A análise SWOT consiste em cruzar as forças e fraquezas da organização com as oportunidades e ameaças do ambiente externo de negócio no qual ela está inserida, com o objetivo de identificar relações entre esses fatores e, a partir disto, definir o tipo de estratégia a ser adotado.

> A análise SWOT é uma boa prática a ser adotada para apoiar as duas próximas etapas do SPCanvas que estão descritas mais adiante neste livro:
> - ✓ **Objetivos Estratégicos**: etapa em que são definidos os objetivos estratégicos da organização (seção 2.5.3). Nesta etapa a análise SWOT colabora para a discussão e a definição de objetivos mais realistas por considerar os fatores internos e externos da organização.
> - ✓ **Estratégias**: etapa dedicada ao desdobramento dos objetivos estratégicos em estratégias que serão adotadas pela organização (ver seção 2.5.4). Nesta etapa a análise SWOT facilita a discussão e a seleção dos tipos e estratégias a adotar.

Na seção 1.3.9 estão descritos os quatro grandes tipos básicos de estratégias a adotar: sobrevivência, manutenção, crescimento e desenvolvimento.

A Figura 24 mostra que esses quatro tipos de estratégia são adotados de acordo com os relacionamentos encontrados entre os fatores dos ambientes interno e externo da organização.

	Tipos de Estratégia	Ambiente interno Predominância de	
		Pontos fracos (fraquezas)	Pontos fortes (forças)
Ambiente externo Predominância de	Ameaças	**Sobrevivência / Defensiva** Estratégias que envolvem modificações, às vezes profundas, com o objetivo de proteger a organização	**Manutenção / Confronto** Estratégias que envolvem ações para modificar o ambiente em favor da organização
	Oportunidades	**Crescimento / Reforço** Estratégias que incluem ações para melhor aproveitar as oportunidades existentes	**Desenvolvimento / Ofensiva** Estratégias que envolvem o desenvolvimento das vantagens competitivas da organização

Figura 24 – Análise SWOT.

Na Tabela 3 são apresentados alguns exemplos práticos de tipos e estratégias selecionadas por uma organização com base em uma análise SWOT.

	Exemplo 1	Exemplo 2
Análise ambiente interno	(_) Força (*Strength*) (X) Fraqueza (*Weakness*) **Falta de conhecimento da organização na tecnologia emergente "X2593".**	(X) Força (*Strength*) (_) Fraqueza (*Weakness*) **Capital disponível para investimento em novas tecnologias.**
Análise ambiente externo	(X) Oportunidade (*Opportunity*) (_) Ameaça (*Threat*) **Profissionais especialistas na tecnologia "X2593" disponíveis no mercado.**	(X) Oportunidade (*Opportunity*) (_) Ameaça (*Threat*) **Pequenas empresas detentoras de novas tecnologias passíveis de serem compradas.**

	Exemplo 1	Exemplo 2
Tipo de estratégia a adotar	**Estratégia de crescimento/ reforço** (para aproveitar melhor oportunidades existentes)	**Estratégia de desenvolvimento/ ofensiva** (para desenvolver as vantagens competitivas)
Estratégia definida	Fazer aquisição de conhecimento na tecnologia X2593 através da contratação de profissionais especializados.	Investir na compra de pequenas empresas com tecnologia de ponta que são de interesse da organização.

Tabela 3 – Exemplos de estratégias definidas a partir da análise SWOT.

SWOT	Favorável			Desfavorável		
	[S]trengths		Forças	**[W]eaknesses**		Fraquezas
Ambiente interno	[S][01] Quadro de executivos e colaboradores especializados	[S][02] Modernos processos construtivos	[S][03] Custos menores que os do mercado	[W][01] Forte influência do fundador sobre CEO e gerentes que impede novas ideias e ações	[W][02] Falta de atuação em empreendimentos não residenciais	[W][03] Crescimento do faturamento menor que a média de mercado
	[S][04] Menores prazos para execução dos projetos	[S][05] Modernos processos administrativos				
	[O]pportunities		Oportunidades	**[T]hreats**		Ameaças
Ambiente externo	[O][01] Demanda por imóveis em outros estados	[O][02] Demanda por empreendimentos não residenciais	[O][03] Programas de governo para construção de imóveis residenciais	[T][01] Crescimento do faturamento das empresas concorrentes maior que o da empresa	[T][02] Empresas concorrentes com atuação nacional e internacional	[T][03] Empresas concorrentes com experiência em empreendimentos não residenciais
				[T][04] Falta de mão de obra qualificada no mercado		

Figura 25 – Visão geral da matriz SWOT preenchida no **SP**Canvas.

2.5.3. Objetivos estratégicos

Esta etapa do processo tem como finalidade definir e priorizar os objetivos estratégicos da organização.

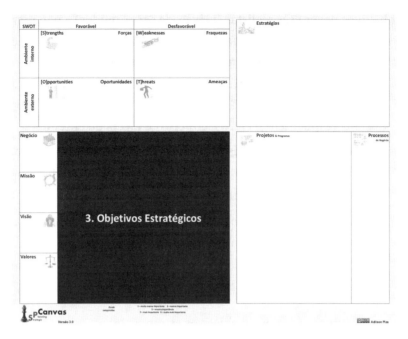

Figura 26 – **SP**Canvas – Bloco 3 – Objetivos estratégicos.

2.5.3.1. Definição dos objetivos estratégicos

Os objetivos estratégicos correspondem aos resultados que a organização deseja alcançar no horizonte de tempo para o qual está se desenvolvendo o planejamento estratégico. São os padrões de desempenho global em relação aos quais organização será avaliada.

Para defini-los, a discussão deve se dar em torno do cruzamento dos elementos resultantes dos diagnósticos interno e externo da organização (ver detalhes na seção 2.5.2.3), juntamente com os possíveis cenários futuros analisados (ver detalhes na seção 1.3.7).

Os objetivos estratégicos devem ser mensuráveis, ou seja, passíveis de monitoramento e controle contínuo, para avaliar se estão sendo atingidos.

Para que isso seja possível, deverão ser criados, posteriormente, um ou mais indicadores de desempenho que tenham a real capacidade de mostrar para cada um dos objetivos estratégicos se eles estão sendo alcançados ou não. Esses indicadores devem possuir metas e ser medidos e avaliados regularmente.

Os objetivos devem ser realistas (viáveis de ser atingidos) e não meros desejos da organização desconectados da realidade. Para que isso ocorra é necessário considerar o tempo e os recursos organizacionais disponíveis.

> De forma geral, os objetivos devem ser SMART:
> - *Specific* (específicos): claros, concisos e fáceis de entender.
> - *Measurable* (mensuráveis): passíveis de medição e avaliação.
> - *Achievable* (alcançáveis): devem ser realistas, existindo a capacidade de ser alcançados.
> - *Relevant* (relevantes): relevantes para que a organização cumpra com sua missão, visão e valores.
> - *Time bound* (limitados no tempo): devem ter o tempo definido para ser alcançados.

A seguir, alguns exemplos de objetivos estratégicos:

1. Aumentar o lucro líquido em 5%.
2. 10% de retorno sobre o investimento.
3. Aumentar o nível de satisfação dos clientes.
4. Expandir os negócios para novos países na Europa.
5. Diversificar produtos.
6. Reduzir os níveis de estoque em 30%.
7. Mínimo de vinte horas médias anuais de treinamento por colaborador.

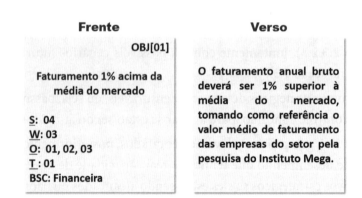

Figura 27 – Exemplo de nota adesiva preenchida com objetivo estratégico.

Veja outros exemplos e mais detalhes sobre objetivos estratégicos e como defini-los na seção 1.3.8.

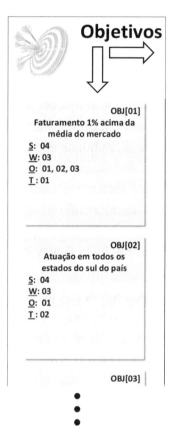

Figura 28 – Exemplos de objetivos estratégicos incluídos no **SP**Canvas.

- Utilize as notas adesivas de 76 mm x 102 mm para registrar os objetivos, descrevendo-os individualmente em cada nota adesiva.
- Uma dinâmica efetiva para definir os objetivos é aquela em que os participantes vão sugerindo os objetivos e discutindo-os um a um na medida em que são apresentados, validando-os frente aos fatores da matriz SWOT com as quais estão relacionados e, se necessário, fazer ajustes antes de passar para a próxima sugestão.

- Criar um grande número de objetivos estratégicos é um erro muito comum. Deve ser definido um conjunto restrito e significativo que represente os resultados essenciais que a organização deseja alcançar no período. Não confundir os objetivos estratégicos com indicadores de desempenho, dentre eles os táticos e operacionais, que surgirão a partir deles.

- Registre quais forças, fraquezas, oportunidades e ameaças estão relacionadas e foram consideradas para definir o objetivo, criando uma rastreabilidade entre os objetivos e os fatores que influenciaram a definição de cada um deles. Uma forma simples para fazer isso é incluir verticalmente as letras que formam a palavra SWOT no canto inferior esquerdo da nota adesiva e após cada letra colocar os números sequenciais dos fatores considerados, como no exemplo da Figura 27.

- Caso a organização utilize *Balanced Scorecard* (BSC), incluir também no canto inferior esquerdo da nota adesiva o nome da perspectiva à qual o objetivo pertence, ver exemplo na Figura 27. Nesse caso, deve-se validar se foram definidos objetivos estratégicos para cada uma das perspectivas do BSC.

- Se for necessário incluir uma descrição mais detalhada do objetivo, use o verso da nota adesiva.

- Inclua no canto superior direito da nota adesiva um código identificador único para cada objetivo estratégico. Esse código será utilizado posteriormente para fazer referência a eles. Utilize as letras **OBJ**, seguidas de um número sequencial. Exemplo: OBJ[01], OBJ[02], OBJ[03], ...

2.5.3.2. Priorização dos objetivos estratégicos

É natural, em uma organização, que cada objetivo estratégico possua um diferente nível de relevância.

Classificar cada um deles de acordo com sua importância relativa ajuda a organização a compreender quais são os seus objetivos mais prioritários.

No **SP**Canvas utiliza-se uma técnica simples de comparação por pares para realizar a classificação/priorização dos objetivos de forma mais fácil e menos subjetiva.

Essa técnica consiste em comparar cada objetivo estratégico com todos os demais, um por vez, avaliando a importância relativa entre eles de acordo com uma escala comparativa previamente definida.

A escala comparativa sugerida para ser utilizada é de 1 a 9 pontos, na qual um objetivo pode ser, na comparação com outro:

✓ Muito menos importante = 1 ponto.

✓ Menos importante = 3 pontos.

✓ De mesma importância = 5 pontos.

✓ Mais importante = 7 pontos.

✓ Muito mais importante = 9 pontos.

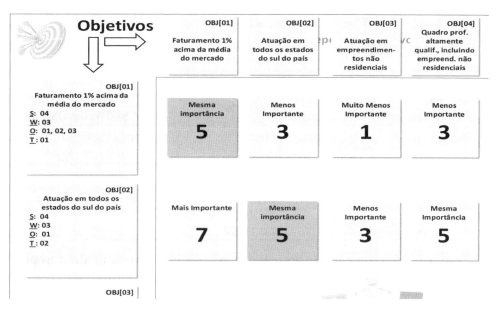

Figura 29 – Priorização dos objetivos estratégicos no **SP**Canvas.

Para realizar a classificação/priorização através da comparação por pares deve-se proceder da seguinte forma:

1. Escrever novamente os objetivos estratégicos, apenas descrição e identificador, usando notas adesivas de 47,6 mm x 47,6 mm, e colocá-los na primeira linha do quadro 3 (na horizontal).
2. Utilizando a escala comparativa previamente definida, comparar cada objetivo (colocado na vertical) com os demais objetivos (colocados na horizontal), definindo a pontuação para o objetivo em análise nos cruzamentos da linha com as colunas. Veja o exemplo na Figura 29, no qual pode-se observar que:

Objetivo (na vertical)	Comparado com objetivo (na horizontal)	Importância	Pontos	Observação
OBJ[01]	OBJ[01]	Mesma importância	5	Comparação do objetivo com ele mesmo
	OBJ[02]	Menos importante	3	
	OBJ[03]	Muito menos importante	1	
	OBJ[04]	Menos importante	3	
OBJ[02]	OBJ[01]	Mais importante	7	O contrário da comparação entre OBJ[01] com OBJ[02]
	OBJ[02]	Mesma importância	5	Comparação do objetivo com ele mesmo
	OBJ[03]	Menos importante	3	
	OBJ[04]	Mesma importância	5	

3. Ao terminar a comparação entre todos os objetivos, deve-se totalizar os pontos de cada objetivo colocando os resultados na coluna "Pontos & classificação". Usar para isso as notas adesivas de 47,6 mm x 47,6 mm.
4. Para finalizar, deve-se incluir a classificação/prioridade no canto superior direito das notas adesivas com a pontuação total de cada objetivo. Para o objetivo com maior pontuação informar 1º, para o de segunda maior pontuação informar 2º, e assim sucessivamente até o objetivo com menor pontuação. Observe um exemplo na coluna "Pontos & classificação" na Figura 30.

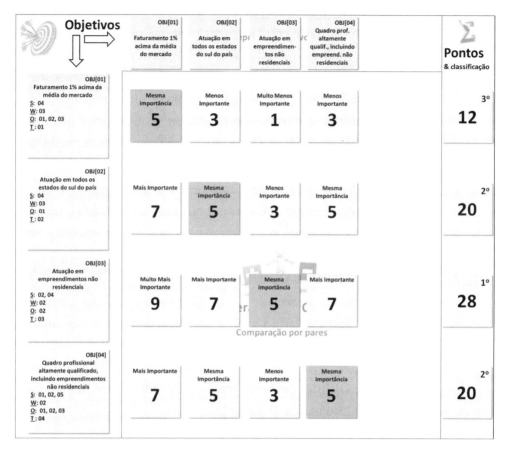

Figura 30 – Visão geral de objetivos estratégicos priorizados no **SP**Canvas.

- Utilize as notas adesivas de 46,7 mm x 46,7 mm para fazer a priorização dos objetivos estratégicos.
- A boa prática é iniciar a priorização pelo primeiro objetivo (colocado na vertical) comparando-o individualmente com todos os demais objetivos (colocados na horizontal), e então passar para o próximo objetivo na próxima linha, e assim sucessivamente. É importante não deixar de fazer nenhuma das comparações e não retornar para avaliar novamente.

- Ao realizar a comparação entre cada par de objetivos, deve-se buscar o consenso entre os participantes. É uma boa prática iniciar questionando a todos se o objetivo em análise tem a mesma importância daquele com o qual está sendo comparado. Se a resposta for não, questionar se tem maior ou menor importância. Se tiver maior importância, analisar se ela é maior ou muito maior. Se tiver menor importância, analisar se ela é menor ou muito menor.

- Existindo divergência de opinião entre os participantes, o que é normal ocorrer, é imprescindível que cada um defenda o motivo pelo qual sua opinião é diferente, na busca do consenso entre todos. Se não houver consenso, a alternativa mais adequada é adotar a opinião da maioria.

- Ao analisar a prioridade de um objetivo em relação a outro, e já tiver sido efetuada a análise contrária entre eles, o resultado naturalmente será o contrário do anterior. Exemplo: se OBJ[01] tem importância muito maior (9 pontos) que OBJ[02], então ao analisar OBJ[02] em comparação com OBJ[01] ele terá importância muito menor (1 ponto).

2.5.4. Estratégias

É nesta etapa que são formuladas as estratégias, ou seja, os caminhos que serão adotados pela organização para que ela atinja os seus objetivos estratégicos.

Os objetivos estratégicos devem ser desdobrados em estratégias, sendo que para cada objetivo deverá existir no mínimo uma estratégia. Por sua vez, uma estratégia pode ter relacionamento com mais de um objetivo estratégico, ou seja, ela pode contribuir para que mais de um objetivo seja alcançado.

O Modelo SPCanvas – *Strategic Planning Canvas* 63

Os objetivos constituem a entrada principal para o processo de formulação das estratégias, mas existem outras entradas necessárias para melhor defini-las, o que incluem, mas não se limitam a:

- ✓ Missão.
- ✓ Visão.
- ✓ Valores, princípios e cultura organizacional.
- ✓ Pontos fortes e pontos fracos (ambiente interno da organização).
- ✓ Oportunidades e ameaças (ambiente externo da organização).
- ✓ Cenários futuros possíveis.

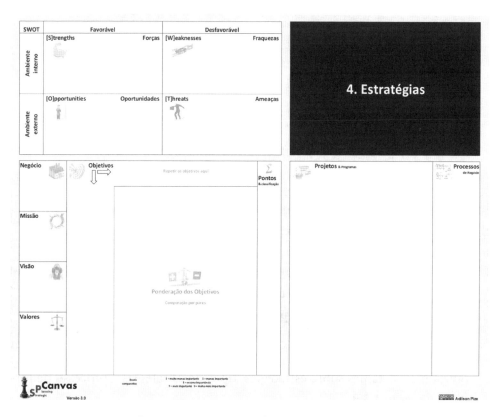

Figura 31 – **SP**Canvas – Bloco 4 – Estratégias.

Alguns exemplos de possíveis estratégias:

✓ Aquisição de empresas concorrentes.
✓ Lançamento de novos produtos.
✓ Abertura de novas unidades de negócio.
✓ Incremento das vendas através de plataformas digitais.

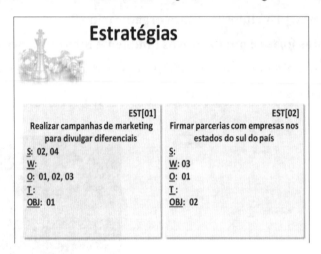

Figura 32 – Exemplos de estratégias incluídas no **SP**Canvas.

Ao encerrar esta etapa do processo de desenvolvimento do planejamento estratégico, é recomendado que seja feita a divulgação ampla do planejamento para toda a organização e que se determine um prazo para que todas as áreas apresentem suas propostas de programas e/ou projetos a ser empreendidos e operações (processos de negócio) atuais que devem ser mantidas.

Veja mais detalhes sobre estratégias, tipos de estratégias e processo de formulação na seção 1.3.9.

- Utilize as notas adesivas de 76 mm x 102 mm para registrar as estratégias, descrevendo-as individualmente em cada nota adesiva.
- Uma dinâmica efetiva para definir as estratégias é aquela em que os participantes vão sugerindo e discutindo-as uma a uma na medida em que são apresentadas, validando-as frente aos objetivos com os quais contribui e os fatores da matriz SWOT com as quais estão relacionados – e, se necessário, fazer ajustes antes de passar para a próxima sugestão.
- Ao terminar o processo de formulação das estratégias, deve existir pelo menos uma estratégia que contribua com cada objetivo estratégico.
- Registre quais forças, fraquezas, oportunidades e ameaças estão relacionadas e foram consideradas para definir a estratégia, criando uma rastreabilidade entre as estratégias e os fatores que influenciaram a definição de cada uma delas. Uma forma simples para fazer isso é incluir verticalmente as letras que formam a palavra SWOT no canto inferior esquerdo da nota adesiva e na frente de cada letra colocar os números sequenciais dos fatores considerados, como no exemplo da Figura 32.
- No canto inferior esquerdo da nota adesiva, informar também o(s) objetivo(s) estratégico(s) para o(s) qual(is) a estratégia contribui, criando uma rastreabilidade entre estratégias e objetivos.
- Uma descrição mais detalhada da estratégia pode ser incluída no verso da nota adesiva se for necessário.
- Inclua no canto superior direito da nota adesiva um código identificador único para cada estratégia. Esse código será utilizado posteriormente para fazer referência a elas. Utilize as letras **EST**, seguidas de um número sequencial. Exemplo: EST[01], EST[02], EST[03], ...

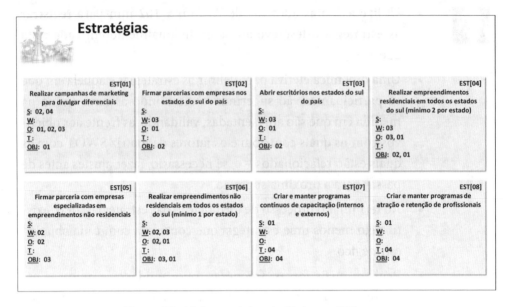

Figura 33 – Visão geral de estratégias no **SP**Canvas.

2.5.5. Projetos (e programas) e processos de negócio

Esta é a etapa dedicada à apresentação de sugestões das efetivas ações a serem executadas pela organização para implementar as estratégias que foram formuladas, o que inclui:

- ✓ Programas e projetos.
- ✓ Operações (processos de negócio).

Esta é uma etapa que tem normalmente uma duração maior que as anteriores, pois, como está descrito na seção 2.5.4, após fomuladas as estratégias é imprescindível estabelecer um prazo para que as áreas da organização discutam e apresentem propostas de programas e projetos a ser empreendidos e identifiquem as operações existentes que deveriam ser mantidas.

O prazo pode ser de alguns dias a várias semanas, dependendo do porte da organização e do seu nível de exigência quanto às informações que devem constar nas propostas, complexidade de projetos e operações, e vários outros fatores que impactam no tempo necessário para preparar e apresentar as propostas.

Operações e projetos consomem os recursos organizacionais (recursos humanos, máquinas, equipamentos, instalações, recursos financeiros, etc.). Então não faz sentido para a organização consumir seus recursos, que são restritos (há quantidade disponível limitada), em ações que não contribuam para a execução de suas estratégias e o atingimento de seus objetivos estratégicos.

> **Uma diretriz básica que deve ser conhecida e seguida por todos que participam do processo de elaboração de propostas de programas, projetos e operações é que deve haver alinhamento entre eles e as estratégias e os objetivos estratégicos da organização, e que isso constitui-se em um critério eliminatório das propostas apresentadas caso essa relação não exista.**

Na seção 1.3.10 encontram-se mais detalhes sobre ações (projetos e operações).

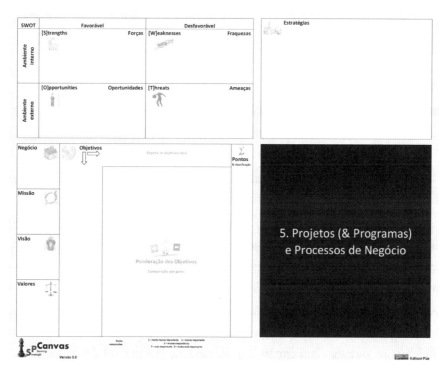

Figura 34 – **SP**Canvas – Bloco 5 – Projetos (& programas) e processos de negócio.

2.5.5.1. Projetos (e programas)

A Figura 9 (seção 1.3.10) mostra que podem existir vários programas e/ou projetos para cada estratégia a ser implementada, e que é possível que algum projeto esteja relacionado a uma ou mais estratégias e colabore para que um ou mais objetivos estratégicos sejam alcançados.

Ao propor os projetos, a relação com estratégias e objetivos estratégicos deve ser informada, pois impactará na futura priorização e seleção dos projetos que efetivamente serão executados pela organização.

As informações exigidas para propor um projeto podem variar de uma organização para a outra, assim como em uma mesma organização podem variar pelo tipo, nível de investimento e outros recursos necessários, entre outros fatores e/ou características de cada um dos projetos.

A organização deve definir e divulgar o conteúdo esperado para as propostas, preferencialmente padronizando-as através de modelos de formulários ou sistemas de apoio ao gerenciamento dos projetos que possuam funcionalidades para a apresentação de propostas de projetos.

Concepção dos projetos

Dois equívocos observados com frequência na concepção dos projetos são:
- ✓ Informações insuficientes sobre o projeto (não raramente apenas nome e uma breve descrição).
- ✓ Definição do projeto realizada sem a participação das diversas partes interessadas.

Os problemas citados podem ser contornados com o uso de um modelo colaborativo para a concepção dos projetos que possibilite que as partes interessadas participem ativamente do processo, discutindo e definindo um conjunto mínimo de aspectos e informações sobre cada um dos projetos.

Para essa finalidade uma sugestão é a utilização do PMCanvas (*Project Model Canvas*), que é um modelo visual e colaborativo criado pelo Prof. José Finocchio Jr. para a concepção e o planejamento inicial de projetos. Mais informações sobre o modelo e o *canvas* para *download* podem ser obtidos em <www.pmcanvas.com.br>.

> Outras sugestões de modelos colaborativos baseados em *canvas* que podem ser adotados são:
> Project Canvas: <http://www.projectcanvas.dk>
> Easy Life Canvas: <http://easybok.com.br/easylife/>

Como é dado um prazo para que as áreas da organização proponham os projetos, é importante dar orientação sobre boas práticas que podem tornar o processo mais eficiente e eficaz. A seguir estão algumas dessas práticas:

- ✓ A identificação e a concepção das propostas dos projetos devem ser realizadas em equipe, de forma colaborativa.
- ✓ A identificação de potenciais projetos pode ser realizada utilizando-se diferentes técnicas. Uma prática muito eficiente é fazer várias rodadas de *brainstorming* para elencar uma lista de possíveis projetos para cada uma das estratégias, ou seja, realiza-se o *brainstorming* para a primeira estratégia, depois para a segunda, e assim sucessivamente até passar por todas as estratégias.
- ✓ A partir dos potenciais projetos identificados, deve-se trabalhar na sua concepção, ou seja, trabalhar em prol de obter todas as informações exigidas pela organização para propor cada um dos projetos. Modelos como o PMCanvas, Project Canvas e Easy Life Canvas, citados anteriormente, são ferramentas que podem facilitar esse processo. Entretanto, é importante entender que a concepção de cada projeto pode exigir não apenas uma, mas várias reuniões intercaladas com prazos para coleta dos dados necessários.
- ✓ Uma reunião deve ser utilizada para a apresentação das propostas de todas as áreas da organização. É uma boa prática que cada proponente apresente seu projeto de forma sumarizada, permitindo que ajustes possam ser realizados, como, por exemplo, mesclar projetos com os mesmos objetivos, rever escopo dos projetos para que exista integração entre eles, etc. É nessa reunião que os projetos propostos deveriam ser incluídos no **SP**Canvas como principal resultado desta etapa.

> Ao terminar o processo de identificação e concepção dos projetos, cada estratégia deve possuir pelo menos um projeto que contribua com sua implementação, lembrando que podem existir projetos que contribuam com mais de uma estratégia.

No **SP**Canvas os projetos são incluídos com algumas informações básicas que serão importantes para o posterior processo de priorização e seleção deles para compor o portfólio da organização:

- ✓ Código de identificação.
- ✓ Nome.
- ✓ Objetivo(s) com o(s) qual(is) o projeto contribui no atingimento.
- ✓ Estratégia(s) com a(s) qual(is) o projeto colabora na implementação.
- ✓ Recursos restritos que serão utilizados no projeto (humanos, financeiros, materiais, equipamentos, instalações, etc.) com as suas respectivas quantidades de uso estimadas.
- ✓ Descrição (resumida) do projeto.

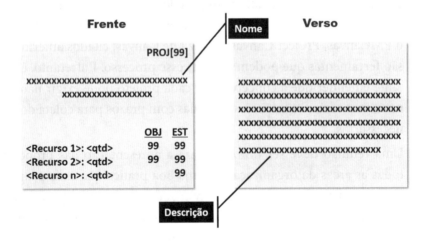

Figura 35 – Preenchimento da nota adesiva com os dados do projeto.

> Os recursos restritos da organização devem ser conhecidos por todos, para que, caso esteja previsto o uso deles em um ou mais projetos, tenham as suas quantidades necessárias estimadas e registradas. Essa informação será necessária posteriormente no processo de priorização e seleção dos projetos que a organização possui recursos suficientes para executar.

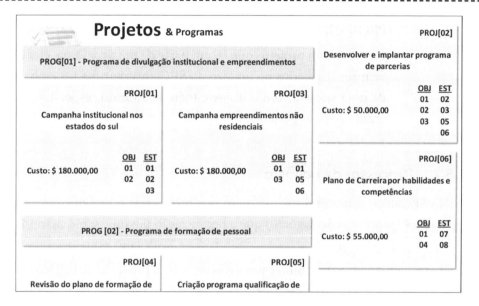

Figura 36 – Exemplos de programas e projetos incluídos no **SP**Canvas.

- Utilize as notas adesivas de 76 mm x 102 mm para registrar os projetos, descrevendo-os individualmente em cada nota adesiva.
- Referencie cada projeto à(s) estratégia(s) e ao(s) objetivo(s) com os quais contribui. Para tanto, use os identificadores únicos definidos anteriormente para os objetivos estratégicos e estratégias. Inclua essa informação no canto inferior direito da nota adesiva, como mostrado na Figura 35, criando uma rastreabilidade com as estratégias e os objetivos estratégicos.
- No canto inferior esquerdo da nota adesiva informar também os recursos críticos que serão utilizados, com a correspondente quantidade estimada, como mostrado na Figura 35.

- Se for necessário, pode-se incluir uma descrição resumida do projeto no verso da nota adesiva.
- Inclua no canto superior direito da nota adesiva um código identificador único para cada projeto. Esse código será utilizado posteriormente para fazer referência a eles. Utilize as letras **PROJ**, seguidas de um número sequencial. Exemplo: PROJ[01], PROJ[02], PROJ[03], ...
- Caso existam projetos que façam parte de um programa, eles devem ser colocados no quadro do **SP**Canvas agrupados embaixo da nota adesiva com o nome e identificador do respectivo programa ao qual pertencem.

2.5.5.2. Processos de negócio

No **SP**Canvas é possível incluir, além dos programas e projetos, quais são as operações (processos de negócio) que a organização possui e serão mantidas.

Para cada estratégia a ser implementada podem existir vários processos de negócio relacionados, assim como é possível que algum processo de negócio esteja relacionado a mais de uma estratégia e colabore para que mais de um objetivo estratégico seja alcançado (ver Figura 9 na seção 1.3.10).

> Nos casos de novos processos de negócio, ou melhorias nos existentes, devem ser apresentadas propostas de projetos que tenham como objetivo implementá-los, para que então venham a compor o portfólio de processos de negócio da organização.

Não faz parte do escopo deste livro detalhar as práticas para identificar e avaliar os processos de negócio atuais da organização para que seja tomada a decisão de mantê-los ou descontinuá-los.

A seguir são apresentadas as instruções sobre como informar os processos de negócio da organização no **SP**Canvas.

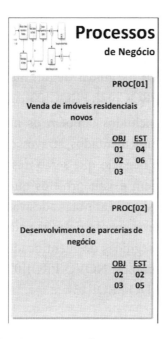

Figura 37 – Exemplos de processos de negócio incluídos no **SP**Canvas.

- Utilize as notas adesivas de 76 mm x 102 mm para registrar os processos de negócio, descrevendo-os individualmente em cada nota adesiva.
- Referencie cada processo de negócio à(s) estratégia(s) e ao(s) objetivo(s) com os quais contribui. Para tanto, use os identificadores únicos definidos anteriormente para os objetivos estratégicos e as estratégias. Inclua essa informação no canto inferior direito da nota adesiva, como mostrado na Figura 37, criando uma rastreabilidade com as estratégias e os objetivos estratégicos.
- Se for necessário, pode-se incluir uma descrição resumida do processo de negócio no verso da nota adesiva.

- Inclua no canto superior direito da nota adesiva um código identificador único para cada processo de negócio. Esse código será utilizado posteriormente para fazer referência a eles. Utilize as letras **PROC**, seguidas de um número sequencial. Exemplo: PROC[01], PROC[02], PROC[03], ...

- Podem ser incluídos também os novos processos de negócio que serão implementados através de projetos propostos e/ou processos de negócio que serão descontinuados, para os quais também podem existir projetos que os descontinuarão. Nesse caso, sugere-se utilizar notas adesivas de outra cor, incluindo no canto inferior esquerdo delas as palavras NOVO ou DESCONTINUADO, seguidas do identificador do projeto que tem esse objetivo. Exemplos: NOVO PROJ[07], NOVO PROJ[03], DESCONTINUADO PROJ[15], ...

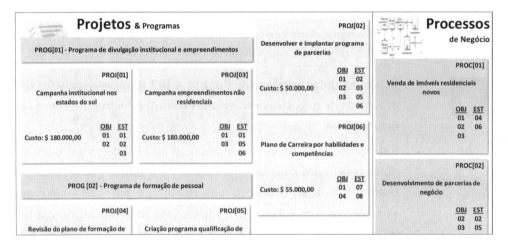

Figura 38 – Visão geral de programas, projetos e processos de negócio no **SP**Canvas.

Capítulo 3. Alinhamento Estratégico dos Projetos

Certamente não há nada tão inútil quanto fazer com grande eficiência algo que nunca deveria ser feito.

Peter Drucker

3.1. Portfólio e gerenciamento de portfólio

Um **portfólio** nada mais é do que um conjunto de componentes que inclui projetos, programas e operações, não necessariamente interdependentes ou relacionados entre si, que é gerenciado como um grupo com a finalidade de atingir os objetivos estratégicos da organização (PMI, 2013, p. 3).

A Figura 39 representa a estrutura genérica de composição de um portfólio.

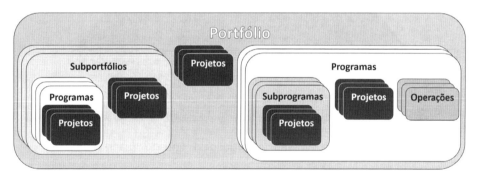

Figura 39 – Composição de um portfólio.

Em algumas organizações, principalmente aquelas com maior maturidade em gestão estratégica de projetos, é normal existir mais de um portfólio, cada um deles relacionado e contribuindo primariamente com um objetivo estratégico. Nesses casos é comum que a organização estabeleça limites orçamentários, assim como para o uso de outros recursos, por objetivo estratégico, ou seja, para cada portfólio. O conjunto desses portfólios por objetivo estratégico forma o portfólio corporativo da organização.

Diferentemente dos projetos, que são temporários (têm início e fim definidos), portfólios e programas podem ser de mais longa duração. Novos projetos vão sendo incorporados a eles ao longo do tempo e saem do portfólio ou programa quando são encerrados ou, eventualmente, cancelados.

Segundo o PMI (2013, p. 5), "gerenciamento de portfólio é o gerenciamento coordenado de um ou mais portfólios para atingir os objetivos e as estratégias organizacionais" (tradução do autor).

Sob o ponto de vista do contexto organizacional, o gerenciamento de portfólio é um elo de ligação entre as camadas estratégica e operacional, como é possível observar na Figura 40.

Figura 40 – Gerenciamento de portfólio no contexto organizacional.

"A governança organizacional ocorre em diferentes níveis de tomada de decisão na organização para apoiar metas específicas, estratégias e objetivos definidos pelo processo de planejamento estratégico da organização" (PMI, 2013, p. 7, tradução do autor).

O gerenciamento de portfólio está incluído entre esses níveis de tomada de decisão da governança organizacional a fim de otimizar os investimentos para atingir a estratégia e as metas operacionais da organização (PMI, 2016, p. 4), o que inclui uma série de processos ou atividades, tais como:

a) Identificar, priorizar e selecionar componentes para compor o portfólio (alinhados com objetivos e estratégias) – tomada de decisões de investimentos.

b) Identificar, priorizar e alocar os recursos restritos da organização entre os componentes do portfólio.

c) Definir estrutura de gerenciamento de desempenho e governança do portfólio.

d) Gerenciar riscos, comunicações e recursos.

e) Monitorar e comunicar os resultados dos componentes do portfólio e a correspondente contribuição deles com o atingimento dos objetivos estratégicos (o que inclui a medição de valor/benefício dos componentes).

O **PSA**Canvas, que será detalhado no Capítulo 4, é um modelo que dá apoio à priorização e seleção dos projetos para compor o portfólio, levando em consideração a disponibilidade dos recursos restritos da organização, colaborando com a execução dos itens "a" e "b" citados.

3.2. Priorização e seleção de projetos

3.2.1. Por que selecionar projetos?

A célebre frase de Peter Drucker, destacada no início deste capítulo, faz um alerta para as organizações: executar certo (eficientemente) os projetos não é o suficiente para o atingir o sucesso desejado. Uma organização deve executar os "projetos certos", ou seja, aqueles que estejam alinhados às suas estratégias organizacionais, com o efetivo potencial de colaborar para o atingimento de seus objetivos estratégicos.

> **A necessidade de selecionar os projetos também decorre do fato de que eles concorrerão, juntamente com as operações, pelos recursos da organização (ver Figura 40), que são restritos e incluem: recursos humanos, recursos financeiros, máquinas e equipamentos, instalações, materiais, entre outros.**

A Figura 41 mostra que os recursos restritos atuam como gargalos que impactam a capacidade da organização de executar um maior ou menor número de projetos.

78 Planejamento Estratégico e Alinhamento Estratégico de Projetos

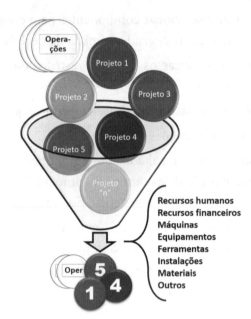

Figura 41 – Disponibilidade de recursos da organização limita a capacidade de execução de projetos.

Os processos de seleção normalmente levam em conta outros critérios que são utilizados para avaliar quais são os projetos mais atrativos para a organização.

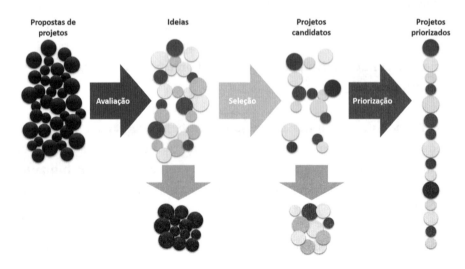

Figura 42 – Visão holística do processo de seleção e priorização de projetos.

É importante para uma organização identificar o maior número possível de ideias de projetos a ser empreendidos, entretanto é imprescindível a existência de um processo formal que trate desde as ideias até os projetos devidamente selecionados e priorizados (como representado holisticamente na Figura 42) para compor um portfólio que utilize os recursos organizacionais realmente em favor de seus objetivos e estratégias.

3.2.2. Critérios para seleção e priorização de projetos

De forma genérica, a organização busca executar os projetos que gerem maior valor (benefícios proporcionados pelo projeto) em relação ao custo/esforço requerido para executá-los (recursos necessários).

Porém, o princípio ou critério básico mencionado antes nem sempre é suficiente para a adequada seleção e priorização dos projetos.

Então é necessária a existência de critérios claros e objetivos, conhecidos por todos na organização, como forma de evitar a subjetividade, que costuma ser uma grande vilã e geradora de conflitos nos processos de seleção e priorização dos projetos.

Os mais diversos tipos de critérios são utilizados na seleção e priorização, que podem ser classificados em grupos, como pode-se ver na Tabela 4.

Grupos de critérios	Alguns exemplos de critérios
Estratégicos	- Número de objetivos estratégicos com os quais o projeto colabora - Nível de contribuição do projeto com cada um dos objetivos estratégicos - Número de estratégias com as quais o projeto colabora na implementação
Financeiros	- Valor presente líquido (VPL) - Período de retorno (*payback*) - Retorno do Investimento (ROI) - Lucro - Índice da relação custo/benefício - Custos do projeto
Urgência	- Nível de urgência para início do projeto - Nível de urgência para término do projeto - Prazo (em períodos de tempo) para término do projeto

Grupos de critérios	Alguns exemplos de critérios
Conhecimento técnico	- Nível de conhecimento técnico dos colaboradores da organização para executar o projeto - Disponibilidade de profissionais no mercado com o conhecimento técnico necessário ao projeto
Riscos	- Nível de exposição ao risco do projeto - Nível de risco da organização se não executar o projeto
Comprometimento	- Nível de comprometimento do patrocinador do projeto - Nível de comprometimento da equipe do projeto - Nível de comprometimento da organização e/ou áreas organizacionais envolvidas - Nível de comprometimento do cliente - Nível de comprometimento da comunidade - Nível de comprometimento das partes interessadas
Conformidade	- Projeto para atendimento de requisito legal obrigatório (S/N)? - Projeto para atendimento a normas e regulamentos internos (S/N)?

Tabela 4 – Grupos e exemplos de critérios para seleção e priorização.

De forma geral, esses critérios são classificatórios, ou seja, são utilizados para classificar os projetos entre si.

Os critérios estratégicos, além de classificatórios, podem ser eliminatórios nos casos em que um projeto não contribua com nenhuma estratégia ou objetivo estratégico da organização, ou seja, quando não há alinhamento estratégico.

No caso dos critérios chamados de mandatórios, como, por exemplo, a exigência de conformidade com um requisito legal, eles automaticamente obrigam a inclusão de um projeto no portfólio.

3.2.3. Métodos para seleção e priorização de projetos

Vários são os métodos que podem ser adotados para selecionar e priorizar os projetos, desde métodos simples de ordenamento, classificando-os através da comparação entre pares de projetos, considerando um conjunto padrão de preferências, até métodos mais avançados como o *Analytic Hierarchy Process* (AHP), que é uma técnica estruturada, de programação multicritério, para a tomada de decisão em situações complexas em que se consideram diversos critérios para seleção e priorização dos projetos.

Métodos baseados na análise comparativa de indicadores financeiros ou na análise dos riscos dos projetos são alternativas para realizar a seleção e priorização.

Segundo o PMI (2013, p. 68), componentes do portfólio podem ser pontuados e classificados de acordo com critérios preestabelecidos através de técnicas de pontuação e classificação ponderada.

Quando envolvem apenas um critério, essas técnicas podem ser executadas através da comparação por pares dos projetos e, a partir das comparações, obter a pontuação total e classificação para cada projeto. No exemplo da Figura 43 está sendo utilizado o critério urgência na comparação entre os projetos.

	Projeto 1	Projeto 2	Projeto 3	Pontuação	Classificação
Projeto 1	5	9	3	17	1º
Projeto 2	1	5	7	13	3º
Projeto 3	7	3	5	15	2º

Escala comparativa:
1 = Muito menos urgente
3 = Menos urgente
5 = Mesma urgência
7 = Mais urgente
9 = Muito mais urgente

Figura 43 – Exemplo de comparação por pares entre projetos utilizando critério de urgência.

Quando vários critérios são utilizados, os projetos são pontuados em cada um dos critérios, que podem possuir diferentes pesos, totalizando-se os resultados e definindo a classificação dos projetos através deles. A Figura 44 mostra um exemplo de utilização de múltiplos critérios para a priorização dos projetos.

Seleção e priorização de projetos com o PSACanvas

O método utilizado no PSACanvas é baseado no uso de mútiplos critérios para priorizar os projetos, sendo o primeiro deles o nível de alinhamento aos objetivos estratégicos, medido pela contribuição de cada projeto com cada um dos objetivos, ao qual podem se juntar outros critérios definidos pela organização.

A seleção dos projetos que comporão o portfólio se dá pela escolha dos projetos através de suas prioridades, até o limite dos recursos restritos da organização, buscando alternativas até encontrar o conjunto de projetos que tenha um maior alinhamento com os critérios utilizados na priorização e seleção, ou seja, que possuem uma maior pontuação acumulada entre todos os critérios. Veja detalhes no Capítulo 4.

	Critério1 Alinham. Estratégico Peso: 5		Critério 2 Urgência Peso: 2		Critério 3 VPL Peso: 3		Pontuação total ponderada	Classificação
	Pontuação	Pontuação ponderada	Pontuação	Pontuação ponderada	$ em milhões	Pontuação ponderada		
Projeto 1	30	0,55 (30 / 275 * 5)	9	0,58 (9 / 31 * 2)	100	0,35 (100 / 850 * 3)	1,48	5º
Projeto 2	50	0,91	5	0,32	250	0,88	2,11	3º
Projeto 3	65	1,18	1	0,06	300	1,06	2,30	2º
Projeto 4	40	0,73	7	0,45	150	0,53	1,71	4º
Projeto 5	90	1,64	9	0,58	50	0,18	2,40	1º
	275		31		850			

Figura 44 – Exemplo de priorização de projetos com base em múltiplos critérios.

Capítulo 4. O Modelo PSACanvas – *Project Strategic Alignment Canvas*

4.1. O modelo e sua finalidade

O *Project Strategic Alignment Canvas* (**PSA**Canvas) foi desenvolvido para ser uma ferramenta de apoio à organização para que ela priorize os projetos com base no alinhamento destes com os objetivos estratégicos e outros critérios de priorização, e os selecione com base no uso dos recursos restritos da organização.

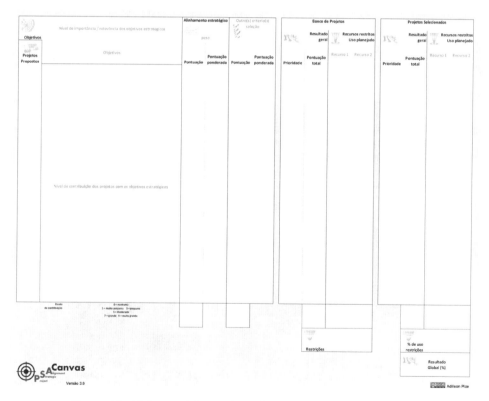

Figura 45 – Visão geral do quadro utilizado no modelo **PSA**Canvas.

84 Planejamento Estratégico e Alinhamento Estratégico de Projetos

Assim como o **SP**Canvas, este modelo é fruto de pesquisas do autor (desde aproximadamente 2005) de diferentes modelos e técnicas para priorização e seleção de projetos, tendo sido testado ao longo de vários anos em oficinas realizadas em todo o Brasil, recebendo sugestões de profissionais até chegar a essa versão. O modelo continua em evolução para agregar melhorias que tornem o processo de priorização e seleção de projetos com base no alinhamento estratégico cada vez mais simples, interativo, colaborativo, eficiente e agradável de ser executado.

4.2. O quadro do PSACanvas e seus componentes

O quadro do **PSA**Canvas é composto por seis grandes blocos de informações:

1. Alinhamento estratégico.
2. Critério(s) complementar(es) para priorização e seleção.
3. Banco de projetos.
4. Restrições.
5. Projetos selecionados.
6. Resultado.

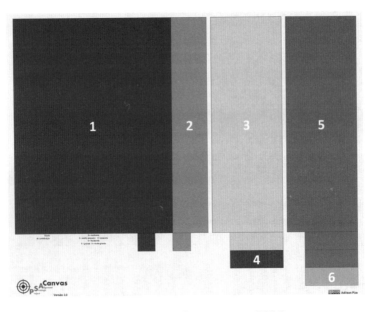

Figura 46 – Blocos de informações no **PSA**Canvas.

Este quadro e seus blocos permitem criar, e posteriormente divulgar, uma imagem clara dos projetos propostos, a prioridade desses projetos segundo seu alinhamento estratégico e outros critérios de priorização, e os projetos selecionados e os não selecionados.

4.3. Materiais necessários para usar o modelo PSACanvas

Quadro do PSACanvas

O quadro deve ser impresso (ou desenhado) em uma grande superfície para permitir rascunhar e discutir em equipe, de forma colaborativa, cada um dos elementos que o compõem.

A recomendação é a impressão no tamanho A0 (841 mm x 1189 mm – padrão ISO 216), na orientação paisagem.

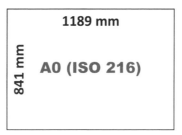

O quadro para impressão no tamanho A0 está disponível em arquivo para *download* em diversos idiomas no site <www.canvasworld.com.br>.

Notas adesivas

Para incluir as informações no quadro utilize blocos de notas adesivas (*post-it*®).

No **PSA**Canvas utiliza-se um único tamanho de blocos de notas adesivas:

✓ 47,6 mm x 47,6 mm (opcionalmente, pode ser no tamanho 38 mm x 50 mm).

Canetas hidrográficas

Os membros da equipe devem ter disponíveis canetas, preferencialmente hidrográficas com ponta grossa de 4 mm, para escrever nas notas adesivas.

É importante que cada membro da equipe tenha consigo uma caneta, o que possibilita que todos sejam participativos no processo criativo, escrevendo e apresentando suas próprias ideias.

4.4. Quem participa da priorização e seleção dos projetos?

O **PSA**Canvas tem como um dos seus fundamentos a colaboração, de forma que o processo seja conduzido de forma interativa e colaborativa, envolvendo ativamente o maior número possível de partes interessadas da organização, visando obter maior comprometimento e engajamento com os projetos selecionados.

Dentre as partes interessadas que deveriam participar do processo podemos destacar:

- ✓ Proponentes dos projetos a serem priorizados e selecionados.
- ✓ Proprietários e acionistas.
- ✓ Gerentes e outros executivos da organização.
- ✓ Colaboradores de diferentes áreas e níveis da organização.
- ✓ Consultores especializados em negócios e/ou priorização e seleção de projetos.

Quaisquer outras partes interessadas que possam contribuir com as discussões sobre a priorização e seleção dos projetos devem ser convidadas para participar do processo.

> A participação dos proponentes dos projetos é imprescindível para fazer esclarecimentos sobre os projetos para os demais participantes nas várias etapas do processo.

- Como o processo terá a participação de várias pessoas, **é necessário que seja definido um facilitador** para organizar e conduzir o processo ao longo de todas as suas etapas, promovendo e incentivando a participação ativa de todos.
- Utilizar um facilitador externo à organização, como um consultor especializado em priorização e seleção de projetos, normalmente traz melhores resultados, devido à maior experiência na condução desse tipo de processo, bem como por ser visto como uma figura isenta em relação a qualquer uma das partes interessadas.

- Se a quantidade de pessoas for muito grande, sugere-se que sejam formados grupos de trabalho menores de cinco a sete pessoas, conduzindo-se as discussões inicialmente nos grupos, seguidas de uma discussão geral e compilação final dos resultados/definições.

4.5. Processo de alinhamento estratégico, priorização e seleção dos projetos com o PSACanvas

O processo de priorização e seleção de projetos com a aplicação do **PSA**Canvas é dividido em seis etapas, cada uma delas para o preenchimento das informações de um dos blocos anteriormente citados que compõem seu quadro como um todo (ver seção 4.2).

No **PSA**Canvas é possível utilizar múltiplos critérios para priorizar os projetos, sendo o primeiro deles o nível de alinhamento aos objetivos estratégicos, medido pela contribuição de cada projeto com cada um dos objetivos, ao qual podem se juntar outros critérios definidos pela organização, como está representado na Figura 47.

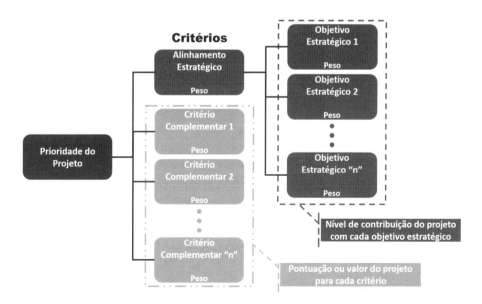

Figura 47 – Estrutura geral de priorização dos projetos no **PSA**Canvas.

A seleção dos projetos que comporão o portfólio se dá pela escolha dos projetos por suas prioridades, respeitando os recursos restritos da organização e buscando o conjunto de projetos que atingem uma maior pontuação acumulada.

> **Princípios que fundamentam a seleção e priorização dos projetos no PSACanvas:**
> - ✓ Em uma organização cada objetivo estratégico possui um diferente nível de importância/relevância.
> - ✓ Cada projeto possui um nível diferente de contribuição com cada um dos objetivos estratégicos.
> - ✓ Para priorizar os projetos um critério essencial é o alinhamento deles com os objetivos estratégicos. Entretanto, outros critérios podem ser adotados em conjunto para considerar benefícios advindos dos projetos e outras perspectivas que a organização deseja que façam parte da priorização de seus projetos.
> - ✓ Os critérios para priorização podem possuir diferentes pesos.
> - ✓ Na seleção dos projetos devem-se considerar:
>   - o A prioridade de cada um dos projetos.
>   - o A disponibilidade por parte da organização dos recursos necessários para a execução dos projetos.

4.5.1. Alinhamento estratégico

Esta é a etapa inicial do processo de priorização e seleção do modelo **PSA**Canvas, na qual os projetos propostos serão priorizados de acordo o seu nível de alinhamento estratégico.

O Modelo PSACanvas – *Project Strategic Alignment Canvas* 89

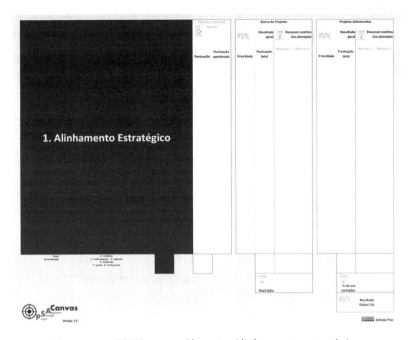

Figura 48 – **PSA**Canvas – Bloco 1 – Alinhamento estratégico.

O alinhamento estratégico será medido pelo nível de contribuição de cada um dos projetos com cada um dos objetivos estratégicos. O nível de importância/relevância de cada objetivo estratégico é utilizado como peso no cálculo da pontuação ponderada pela qual os projetos serão priorizados.

4.5.1.1. Avaliação do nível de contribuição dos projetos com os objetivos estratégicos

A relação dos projetos propostos deve ser incluída na primeira coluna à esquerda do bloco 1 do quadro do **PSA**Canvas (ver exemplo na Figura 50).

Para tanto, utilizam-se as notas adesivas, que em sua frente devem conter a identificação do projeto (código e nome).

> O verso da nota adesiva pode receber informações complementares, tais como: categoria do projeto, informação se o projeto é mandatório ou não, programa ao qual o projeto pertence, se há outro projeto do qual o projeto depende para ser executado (pré-requisito), entre outras informações complementares, como pode-se observar na Figura 49.

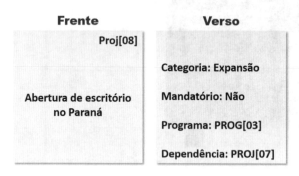

Figura 49 – Exemplo de nota adesiva com identificação e informações complementares de um projeto.

Na segunda linha do bloco 1 do quadro do **PSA**Canvas incluem-se os objetivos estratégicos da organização em relação aos quais os projetos terão avaliado o nível de contribuição (ver exemplo na Figura 50).

Feito isso, deve-se avaliar o nível de contribuição de cada projeto com cada um dos objetivos estratégicos. Para realizar tal avaliação, sugere-se o uso da escala de contribuição apresentada na Tabela 5:

Contribuição do projeto com o objetivo estratégico	Pontos
Nenhuma	0
Muito pequena	1
Pequena	3
Moderada	5
Grande	7
Muito grande	9

Tabela 5 – Escala sugerida para avaliação da contribuição dos projetos com os objetivos estratégicos.

Na Figura 50 há um exemplo de um conjunto de projetos avaliados pelo seu nível de contribuição com os objetivos estratégicos da organização.

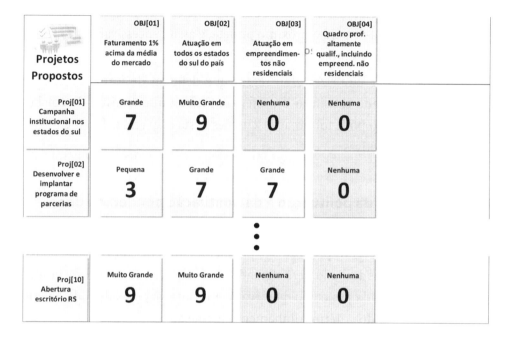

Figura 50 – Exemplo de avaliação do nível de contribuição de projetos com os objetivos estratégicos.

- Utilize as notas adesivas de 46,7 mm x 46,7 mm para incluir no **PSA**Canvas os projetos propostos, os objetivos estratégicos e para fazer a avaliação da contribuição dos projetos.
- As informações complementares mostradas na Figura 49 serão úteis durante a etapa de seleção dos projetos, que será detalhada na seção 4.5.5.
- Caso a quantidade de pessoas participando desta etapa seja muito grande, sugere-se que sejam formados grupos de trabalho menores, de cinco a sete pessoas, conduzindo as discussões inicialmente nos grupos, seguidas de uma discussão geral e compilação final dos resultados/definições.

- A avaliação do nível de contribuição deve ser realizada projeto a projeto, ou seja, para o primeiro projeto avalia-se o nível de contribuição com cada um dos objetivos estratégicos e só então passa-se para o próximo projeto, e assim sucessivamente até que todos os projetos tenham sido avaliados.

- Criar diretrizes e/ou regras que definam de forma mais clara quando classificar o projeto em cada um dos níveis de colaboração pode tornar as discussões nesta etapa mais fáceis e menos subjetivas.

4.5.1.2. Cálculo da pontuação e da pontuação ponderada dos projetos no critério alinhamento estratégico

Agora que os projetos propostos já possuem o nível de contribuição com os objetivos estratégicos avaliado, será efetuado o cálculo da pontuação e da pontuação ponderada de cada projeto, o que levará em conta os pesos de cada objetivo estratégico e o peso do critério Alinhamento Estratégico.

Os projetos mais prioritários sob o ponto de vista do critério Alinhamento Estratégico serão aqueles com maior pontuação ponderada.

Para iniciar os cálculos, insira na primeira linha do bloco 1 do quadro do **PSA**Canvas o peso de cada objetivo estratégico. No exemplo da Figura 51, são quatro objetivos com os seguintes pesos: 12, 20, 28 e 20.

No cabeçalho da coluna do critério Alinhamento Estratégico insira o peso para este critério. No caso do exemplo da Figura 51, o **peso para o critério Alinhamento Estratégico** é 7. Isso somente é necessário se forem utilizados outros critérios em conjunto com o de Alinhamento Estratégico, e se os pesos entre os critérios forem diferentes.

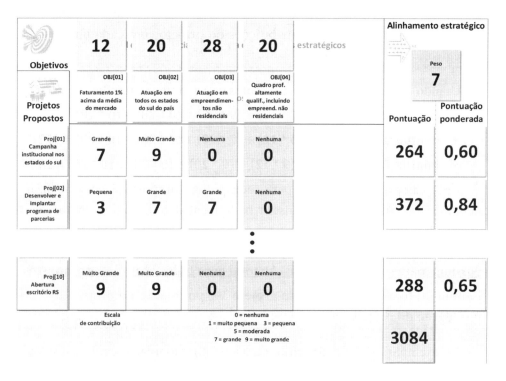

Figura 51 – Exemplo de projetos com pontuação e pontuação ponderada para o critério Alinhamento Estratégico.

Após serem inseridos os pesos conforme as instruções anteriores, realiza-se o cálculo da pontuação de cada projeto, e os resultados são inseridos na coluna Pontuação para o critério Alinhamento Estratégico.

Fórmula para cálculo da pontuação de cada projeto

Pontuação do projeto = (contribuição com objetivo 1 * peso do objetivo 1) + (contribuição com objetivo 2 * peso do objetivo 2) + ... + (contribuição com objetivo "n" * peso do objetivo "n")

> Observação: se os pesos definidos para os objetivos estratégicos forem todos iguais, basta somar as contribuições do projeto com cada objetivo estratégico.

Usando o exemplo da Figura 51, temos os seguintes resultados:

- ✓ **Pontuação [PROJ1]** = (7 * 12) + (9 * 20) + (0 * 28) + (0 * 20) = 264
- ✓ **Pontuação [PROJ2]** = (3 * 12) + (7 * 20) + (7 * 28) + (0 * 20) = 372
- ✓ **Pontuação [PROJ10]** = (9 * 12) + (9 * 20) + (0 * 28) + (0 * 20) = 288

Após calcular a pontuação para cada projeto proposto deve-se realizar o cálculo do total da pontuação e inserir na linha abaixo da coluna Pontuação do critério Alinhamento Estratégico.

> **Fórmula para cálculo da pontuação total para todos os projetos propostos**
> Pontuação total = pontuação do projeto 1 + pontuação do projeto 2 + ... + pontuação do projeto "n"

No exemplo da Figura 51 temos para a pontuação total o seguinte resultado:

- ✓ **Pontuação total** = 264 + 372 + [resultados dos projetos 3 a 9] + 288 = 3084

Por fim, será calculada a pontuação ponderada para cada projeto proposto. Para isso o peso do critério Alinhamento Estratégico será levado em consideração no cálculo.

> **Fórmula para cálculo da pontuação ponderada de cada projeto**
> **Pontuação ponderada do projeto** = (pontuação do projeto / pontuação total * peso do critério Alinhamento Estratégico)
> **Observação 1:** se não houver outros critérios, ou não houver peso diferente entre eles, então não é necessário informar o peso e fazer a multiplicação.

> Observação 2: realiza-se a divisão da pontuação de cada projeto proposto pela pontuação total porque podem ser utilizados outros critérios, em conjunto com o critério de Alinhamento Estratégico, que podem possuir pontuações em grandezas diferentes. Dessa forma, colocam-se os resultados de todos os critérios em uma razão centesimal.

Usando o exemplo da Figura 51 temos os seguintes resultados:

- ✓ **Pontuação ponderada [PROJ1]** = 264/3084 * 7 = 0,60
- ✓ **Pontuação ponderada [PROJ2]** = 372/3084 * 7 = 0,84
- ✓ **Pontuação ponderada [PROJ10]** = 288/3084 * 7 = 0,65

- Utilize as notas adesivas de 46,7 mm x 46,7 mm para incluir no **PSA**Canvas os pesos dos objetivos estratégicos e do critério Alinhamento Estratégico, bem como os resultados dos cálculos da pontuação e pontuação ponderada para cada projeto.
- Nesta etapa é adequado dividir os cálculos entre os participantes para mantê-los atuando de forma colaborativa no processo.
- É importante incluir os pesos dos objetivos estratégicos apenas ao iniciar esta etapa, pois, se eles forem conhecidos pelos participantes antes da avaliação do nível de contribuição dos projetos com os objetivos estratégicos, isso pode induzir algumas pessoas a tentar influenciar na definição de um maior nível de contribuição dos projetos que mais lhes interessam com os objetivos estratégicos com maior peso.

96 Planejamento Estratégico e Alinhamento Estratégico de Projetos

Objetivos	OBJ[01] 12 Faturamento 1% acima da média do mercado	OBJ[02] 20 Atuação em todos os estados do sul do país	OBJ[03] 28 Atuação em empreendimentos não residenciais	OBJ[04] 20 Quadro prof. altamente qualif., incluindo empreend. não residenciais	Pontuação (Peso 7)	Pontuação ponderada
Proj[01] Campanha institucional nos estados do sul	Grande 7	Muito Grande 9	Nenhuma 0	Nenhuma 0	264	0,60
Proj[02] Desenvolver e implantar programa de parcerias	Pequena 3	Grande 7	Grande 7	Nenhuma 0	372	0,84
Proj[03] Campanha empreendimentos não residenciais	Grande 7	Nenhuma 0	Muito Grande 9	Nenhuma 0	336	0,76
Proj[04] Revisão do plano de formação de colaboradores	Moderada 5	Nenhuma 0	Moderada 5	Muito Grande 9	380	0,86
Proj[05] Criação progr. qualif. eng. p/ empreend. não-resid. e exec. do 1º ciclo	Moderada 5	Nenhuma 0	Grande 7	Muito Grande 9	436	0,99
Proj[06] Plano de Carreira por habilidades e competências	Pequena 3	Nenhuma 0	Nenhuma 0	Muito Grande 9	216	0,49
Proj[07] Definição de localidades para escritórios	Muito Grande 9	Muito Grande 9	Nenhuma 0	Nenhuma 0	288	0,65
Proj[08] Abertura escritório PR	Grande 7	Muito Grande 9	Nenhuma 0	Nenhuma 0	264	0,60
Proj[09] Abertura escritório SC	Moderada 5	Muito Grande 9	Nenhuma 0	Nenhuma 0	240	0,54
Proj[10] Abertura escritório RS	Muito Grande 9	Muito Grande 9	Nenhuma 0	Nenhuma 0	288	0,65
Escala de contribuição	0 = nenhuma 1 = muito pequena 3 = pequena 5 = moderada 7 = grande 9 = muito grande				3084	

Figura 52 – Visão geral dos projetos pontuados pelo alinhamento estratégico.

4.5.2. Critério(s) complementar(es) para priorização e seleção

Esta é uma etapa que permite à organização utilizar outros critérios em conjunto com o Alinhamento Estratégico para realizar a priorização e seleção dos projetos. Essa possibilidade do uso de múltiplos critérios é uma das características do modelo proposto pelo **PSA**Canvas.

Na seção 3.2.2 são apresentados vários tipos e exemplos de critérios para priorização e seleção de projetos (ver Tabela 4).

Um exemplo do uso de múltiplos critérios para a priorização de projetos pode ser visto na Figura 44 (seção 3.2.3).

Por fim, a Figura 47 mostra a estrutura geral adotada no modelo do **PSA**Canvas para priorizar os projetos.

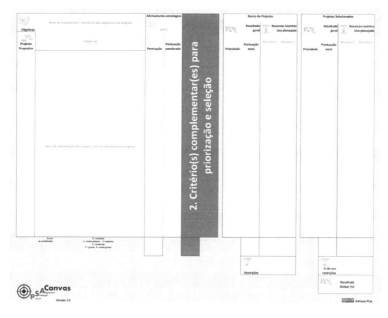

Figura 53 – **PSA**Canvas – Bloco 2 – Critérios complementares para priorização e seleção.

Para iniciar esta etapa deve-se inserir os nomes dos critérios complementares e os seus respectivos pesos nas duas primeiras linhas do bloco 2 do quadro do **PSA**Canvas (ver Figura 54), sendo possível usar até dois critérios complementares no bloco 2.

No caso do uso de dois critérios, deve-se fazer a divisão das notas adesivas em duas partes, para incluir a pontuação e a pontuação ponderada de cada projeto em cada um dos dois critérios, como pode-se observar na Figura 54.

Figura 54 – Exemplo de como usar um ou dois critérios complementares no **PSA**Canvas.

Após serem inseridos os critérios complementares e seus pesos, conforme as instruções anteriores, insere-se a pontuação de cada projeto em cada um dos critérios complementares na coluna Pontuação (ver exemplo na Figura 55).

> **Pontuação de cada projeto em cada critério complementar**
> Para os critérios complementares, cabe à organização definir e comunicar as regras de pontuação para cada um deles.
> As pontuações obtidas para cada projeto em cada critério serão meramente inseridas no PSACanvas.

Após as pontuações para cada projeto proposto terem sido inseridas, deve-se calcular o total das pontuações de cada critério complementar e inserir na linha abaixo da coluna Pontuação dos critérios complementares.

O Modelo PSACanvas – *Project Strategic Alignment Canvas*   99

Fórmula para cálculo da pontuação total de cada critério para todos os projetos propostos

Pontuação total do critério = pontuação do projeto 1 + pontuação do projeto 2 + ... + pontuação do projeto "n"

No exemplo da Figura 55 a pontuação total para o critério Urgência é o seguinte:

✓ **Pontuação total = 10 + 7 + [resultados dos projetos 3 a 9] + 9 = 76**

Figura 55 – Exemplo de projetos com a pontuação e pontuação ponderada para o critério Urgência.

Por fim, será calculada a pontuação ponderada para cada projeto proposto, o que levará em consideração o peso do critério complementar.

> **Fórmula para cálculo da pontuação ponderada de cada projeto em cada critério complementar**
>
> **Pontuação ponderada do projeto em cada critério complementar = (pontuação do projeto no critério / pontuação total do critério * peso do critério)**
>
> Observação 1: se não houver peso diferente entre o critério Alinhamento Estratégico e os critérios complementares, então não é necessário informar o peso e fazer a multiplicação.
>
> Observação 2: a divisão da pontuação de cada projeto proposto pela pontuação total é realizada porque o critério Alinhamento Estratégico e os critérios complementares podem possuir pontuações em grandezas diferentes. Dessa forma, colocam-se os resultados em todos os critérios em uma razão centesimal.

Usando o exemplo da Figura 55 temos os seguintes resultados:

✓ **Pontuação ponderada [PROJ1]** = 10/76 * 3 = 0,39

✓ **Pontuação ponderada [PROJ2]** = 7/76 * 3 = 0,28

✓ **Pontuação ponderada [PROJ10]** = 9/76 * 3 = 0,36

- Utilize as notas adesivas de 46,7 mm x 46,7 mm para incluir no **PSA**Canvas os pesos dos objetivos estratégicos e dos critérios complementares, bem como os resultados dos cálculos da pontuação e da pontuação ponderada para cada projeto em cada critério complementar.
- Nesta etapa é adequado dividir os cálculos entre os participantes para mantê-los atuando de forma colaborativa no processo.
- Se for necessário usar mais que dois critérios complementares, a sugestão é coloca-los à direita ou à esquerda do cartaz do **PSA**Canvas.
- Nos casos de critérios complementares em que quanto menor for a pontuação melhor, o valor da pontuação deve ser inserido como um número negativo.

O Modelo PSACanvas – *Project Strategic Alignment Canvas* **101**

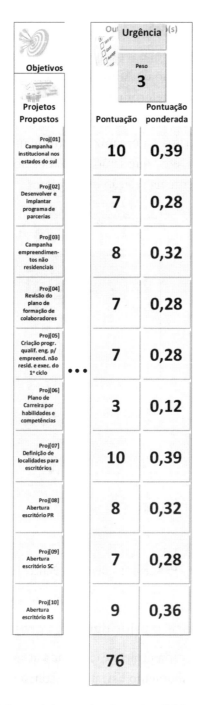

Figura 56 – Visão geral dos projetos pontuados pelo critério complementar Urgência.

4.5.3. Banco de projetos

Nesta etapa a pontuação total será calculada para cada um dos projetos, com base nas pontuações do critério de Alinhamento Estratégico e dos critérios complementares, e com isso será determinada a prioridade de cada um deles.

Nesta etapa também serão informadas para cada projeto as quantidades estimadas dos recursos restritos da organização (humanos, financeiros, materiais, equipamentos, instalações, etc.) que serão utilizados no projeto. Essa informação será utilizada posteriormente na seleção dos projetos.

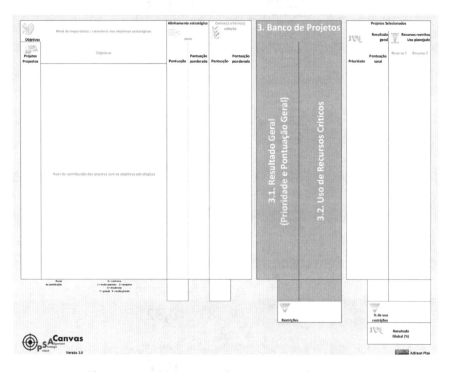

Figura 57 – **PSA**Canvas – Bloco 3 – Banco de projetos.

4.5.3.1. Pontuação total e prioridade dos projetos

A pontuação total de cada projeto é calculada através da soma da pontuação ponderada do critério Alinhamento Estratégico com a pontuação ponderada dos demais critérios complementares.

O Modelo PSACanvas – *Project Strategic Alignment Canvas* 103

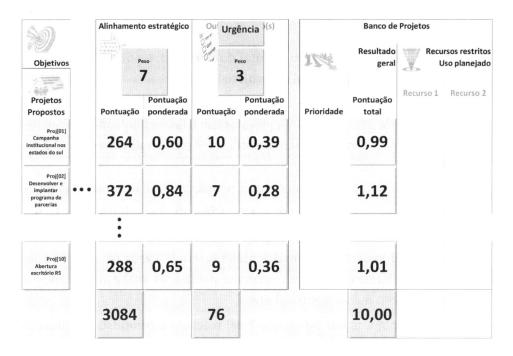

Figura 58 – Exemplo de projetos com a pontuação total calculada.

Fórmula para cálculo da pontuação total de cada projeto

Pontuação total do projeto = pontuação ponderada do projeto no critério Alinhamento Estratégico + pontuação ponderada do projeto no critério complementar 1 + pontuação ponderada do projeto no critério complementar 2 + ... + pontuação ponderada do projeto no critério complementar "n"

Usando o exemplo da Figura 58, onde existe apenas um critério complementar (Urgência), temos os seguintes resultados:

- ✓ **Pontuação total [PROJ1]** = 0,60 + 0,39 = 0,99
- ✓ **Pontuação total [PROJ2]** = 0,84 + 0,28 = 1,12
- ✓ **Pontuação total [PROJ10]** = 0,54 + 0,36 = 1,01

Após o cálculo da pontuação total para cada projeto proposto deve-se calcular a pontuação total geral (para todos os projetos), inserindo o resultado do cálculo na linha abaixo da coluna Pontuação total do bloco 3 (banco de projetos).

> **Fórmula para cálculo da pontuação total geral (para todos os projetos propostos)**
>
> Pontuação total geral = pontuação total do projeto 1 + pontuação total do projeto 2 + ... + pontuação total do projeto "n"
>
> Observação: o valor da pontuação total geral será utilizado posteriormente para a avaliação de qual conjunto de projetos tem o maior alinhamento com todos os critérios de priorização e seleção utilizados (ver detalhes na seção 4.5.6).

No exemplo da Figura 58 temos para a pontuação total o seguinte resultado:

- ✓ **Pontuação total geral = 0,99 + 1,12 + [resultados dos projetos 3 a 9] + 1,01 = 10,00**

A pontuação total de cada um dos projetos será utilizada para priorizá-los, sendo mais prioritários os projetos com maior pontuação total e menos prioritários os projetos com menor pontuação total.

O projeto com a maior pontuação total receberá a prioridade 1 (primeiro em prioridade), seguido do projeto com a segunda maior pontuação total com a prioridade 2 (segundo em prioridade) e assim sucessivamente até que todos os projetos sejam priorizados.

No exemplo apresentado na Figura 59 podemos observar que:

- ✓ PROJ[05] recebeu a prioridade 1, por ter a maior pontuação total, com 1,27 ponto.
- ✓ PROJ[04] recebeu a prioridade 2, com a segunda maior pontuação total, com 1,14 ponto.
- ✓ PROJ[06] recebeu a prioridade 10, com a menor pontuação total, com 0,61 ponto.

- Utilize as notas adesivas de 46,7 mm x 46,7 mm para incluir no **PSA**Canvas a pontuação total e a prioridade de cada projeto.
- Nesta etapa é adequado dividir os cálculos entre os participantes para mantê-los atuando de forma colaborativa no processo.
- Caso dois ou mais projetos tenham a mesma pontuação total, todos recebem a mesma prioridade.

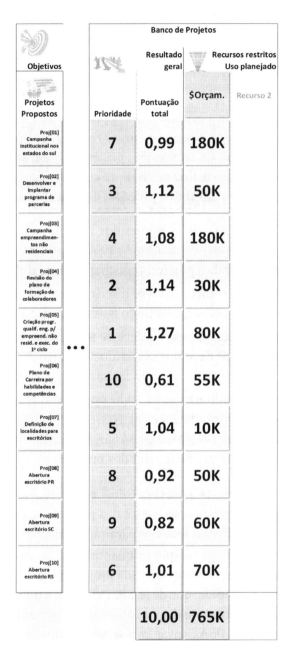

Figura 59 – Exemplo de projetos priorizados e com uso dos recursos restritos.

4.5.3.2. Uso dos recursos críticos

Para cada projeto devem ser informadas as quantidades estimadas de uso de cada um dos recursos restritos da organização que serão considerados na seleção dos projetos.

> **A seção 2.5.5.1 trata sobre a proposição dos projetos e as informações necessárias para propô-los, e alerta que os recursos restritos da organização que serão utilizados no processo de seleção dos projetos devem ser conhecidos por todos, para que, caso sejam utilizados nos projetos, tenham as suas quantidades necessárias estimadas durante o processo de concepção de cada projeto.**

Inicialmente deve-se inserir os nomes dos recursos restritos no cabeçalho do bloco 3 (banco de projetos) do quadro do **PSA**Canvas, na coluna de recursos restritos (ver Figura 59), onde é possível trabalhar com até dois recursos.

A partir do primeiro projeto deve-se inserir a quantidade estimada de uso de cada um dos recursos restritos, repetindo isso até chegar ao último projeto.

Ao final, para cada recurso restrito deve-se totalizar a quantidade total estimada de uso, e os resultados devem ser inseridos no bloco 3 (banco de projetos), na linha abaixo das colunas que correspondem a cada um dos recursos.

No exemplo apresentado na Figura 59 há apenas um recurso restrito, que é o valor de orçamento (restrição financeira). Nesse caso, o orçamento total necessário para executar todos os projetos é de $ 765K ($ 765.000,00), correspondente à soma do valor do orçamento de cada um dos projetos.

- Utilize as notas adesivas de 46,7 mm x 46,7 mm para incluir no **PSA**Canvas a pontuação total, a prioridade e as quantidades de uso dos recursos restritos para cada projeto.
- Deve-se assegurar que as quantidades de uso informadas para cada recurso restrito em cada projeto estão em uma mesma unidade de medida, que deve coincidir com a unidade de medida na qual a quantidade disponível estará informada nas restrições no bloco 4 do **PSA**Canvas (ver seção 4.5.4).
- Caso um projeto não utilize algum dos recursos restritos, informar zero na quantidade estimada.
- Se existir mais do que dois recursos restritos, a sugestão é colocá-los à direita ou à esquerda do cartaz do **PSA**Canvas.

4.5.4. Restrições

Esta é a etapa na qual serão informadas quais são as quantidades disponíveis (limites) para uso de cada um dos recursos restritos da organização, sejam eles recursos humanos, recursos financeiros, máquinas, equipamentos, instalações, materiais, entre outros.

Como está descrito na seção 3.2.1, os recursos restritos são como gargalos que impactam a capacidade da organização de executar um maior ou menor número de projetos.

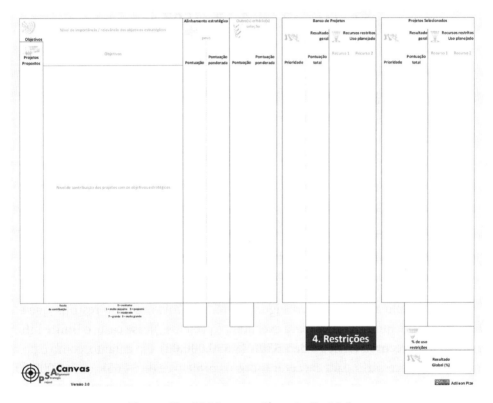

Figura 60 – **PSA**Canvas – Bloco 4 – Restrições.

Esta etapa consiste basicamente em inserir no bloco 4 do quadro do **PSA**Canvas as quantidades disponíveis para uso nos projetos de cada um dos recursos restritos, que irão restringir a seleção dos projetos na próxima etapa, descrita na seção 4.5.5.

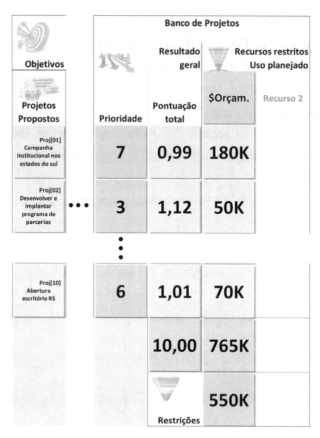

Figura 61 – Exemplo de restrição inserida no **PSA**Canvas para um recurso restrito (orçamento).

No exemplo apresentado na Figura 61 há um único recurso restrito, que é o valor de orçamento disponível para executar os projetos. **Nesse caso, o limite informado para o recurso crítico é de $ 550K ($ 550.000,00)**. No entanto, como o orçamento total necessário para executar todos os projetos é de $ 765K ($ 765.000,00), será necessário realizar a seleção dos projetos até esse limite orçamentário.

- Utilize as notas adesivas de 46,7 mm x 46,7 mm para incluir no **PSA**Canvas a quantidade disponível de cada um dos recursos restritos.

- Uma boa prática para evitar uma influência negativa ou indução das pessoas que estão participando desse processo é inserir as restrições dos recursos somente após a definição do uso de cada um deles em cada um dos projetos.

4.5.5. Projetos selecionados

Nesta etapa será realizada a seleção dos projetos que serão executados pela organização, ou seja, que constituirão o portfólio de projetos da organização.

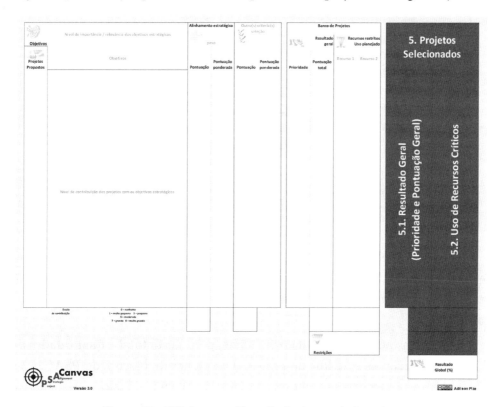

Figura 62 – **PSA**Canvas – Bloco 5 – Projetos selecionados.

Esta é uma etapa repetida várias vezes para procurar as diferentes alternativas de projetos que, em conjunto, não excedam os limites dos recursos restritos da organização.

Como está representado na Figura 63, a etapa Resultado (seção 4.5.6) é complementar à etapa descrita nesta seção e será repetida tantas vezes quanto ela. É na etapa descrita na seção 4.5.6 que se verificará o nível de alinhamento do conjunto de projetos de cada alternativa identificada com os critérios de priorização e seleção (critério de Alinhamento Estratégico + critérios complementares).

Figura 63 – Relação entre as etapas 4.5.5. Projetos Selecionados e 4.5.6. Resultado.

Iniciando pelo projeto mais prioritário, seguir os próximos passos para realizar a seleção de diferentes alternativas de conjuntos de projetos que podem ser executados sem exceder a quantidade disponível dos recursos restritos da organização:

1. Desloque as notas adesivas da **prioridade, pontuação total** e **quantidades de uso dos recursos restritos** do projeto das colunas do bloco 3 do **PSA**Canvas (banco de projetos) para as mesmas colunas no bloco 5 (projetos selecionados).

2. Acumule os valores da **pontuação total** e das **quantidades de uso dos recursos restritos** do projeto na **linha de totais** abaixo de cada uma das respectivas colunas no bloco 5 (projetos selecionados).

3. Compare o total da quantidade de uso de cada recurso restrito com suas respectivas restrições que estão no bloco 4 do **PSA**Canvas (restrições).

4. **Se a quantidade total de uso de algum dos recursos restritos ficar superior à sua quantidade disponível para uso** (que está nas restrições no bloco 4), retorne as notas adesivas do bloco 5 (projetos selecionados) para o bloco 3 (banco de projetos) e deduza os valores da **pontuação total** e das **quantidades de uso dos recursos restritos** do projeto na **linha de totais** do bloco 5 (projetos selecionados).

5. **Repita os passos 1 a 4 projeto a projeto, seguindo a ordem de prioridade**, até chegar ao último projeto, assegurando que a **quantidade total de uso de cada um dos recursos restritos não seja superior à sua quantidade disponível para uso**.

6. Ao encerrar os passos anteriores, calcule o **% de uso de cada um dos recursos restritos**, dividindo a **quantidade total de uso** de cada um deles pela respectiva **quantidade disponível para uso** (que consta nas restrições no bloco 4), multiplicando o resultado por 100 e inserindo os percentuais obtidos nas colunas dos recursos restritos na última linha do bloco 5 do **PSA**Canvas, identificada como **% de uso restrições**.

7. Por fim, execute a etapa Resultado (descrita a seguir, na seção 4.5.6), através da qual se verificará o nível de alinhamento do conjunto de projetos selecionados com o conjunto de critérios de priorização e seleção (critério Alinhamento Estratégico + critérios complementares).

Feito isso, esta etapa será repetida em conjunto com a etapa Resultado (seção 4.5.6), como forma de buscar outras alternativas de conjuntos de projetos que:

✓ não excedam as quantidades disponíveis dos recursos restritos; **e**

✓ possuam o maior nível de alinhamento ao conjunto de critérios de priorização e seleção utilizados.

Na Figura 59 (seção 4.5.3.1) estão dez projetos propostos, devidamente priorizados e com as informações de uso dos recursos restritos inseridos no bloco 3 do **PSA**Canvas (banco de projetos).

Nas páginas a seguir, na Figura 64 e na Figura 65, estão apresentados os exemplos de duas alternativas de conjuntos de projetos que seriam viáveis de ser executados, considerando os projetos do exemplo da Figura 59. Para essas alternativas temos:

	Alternativa 1	**Alternativa 2**
Número de projetos selecionados	8	8
Pontuação total acumulada	8,40	8,10
Uso do recurso restrito (orçamento)	$ 530K 96% do disponível	$ 525K 95% do disponível
Projetos não selecionados	PROJ[01] PROJ[06]	PROJ[03] PROJ[09]

Alternativa 1

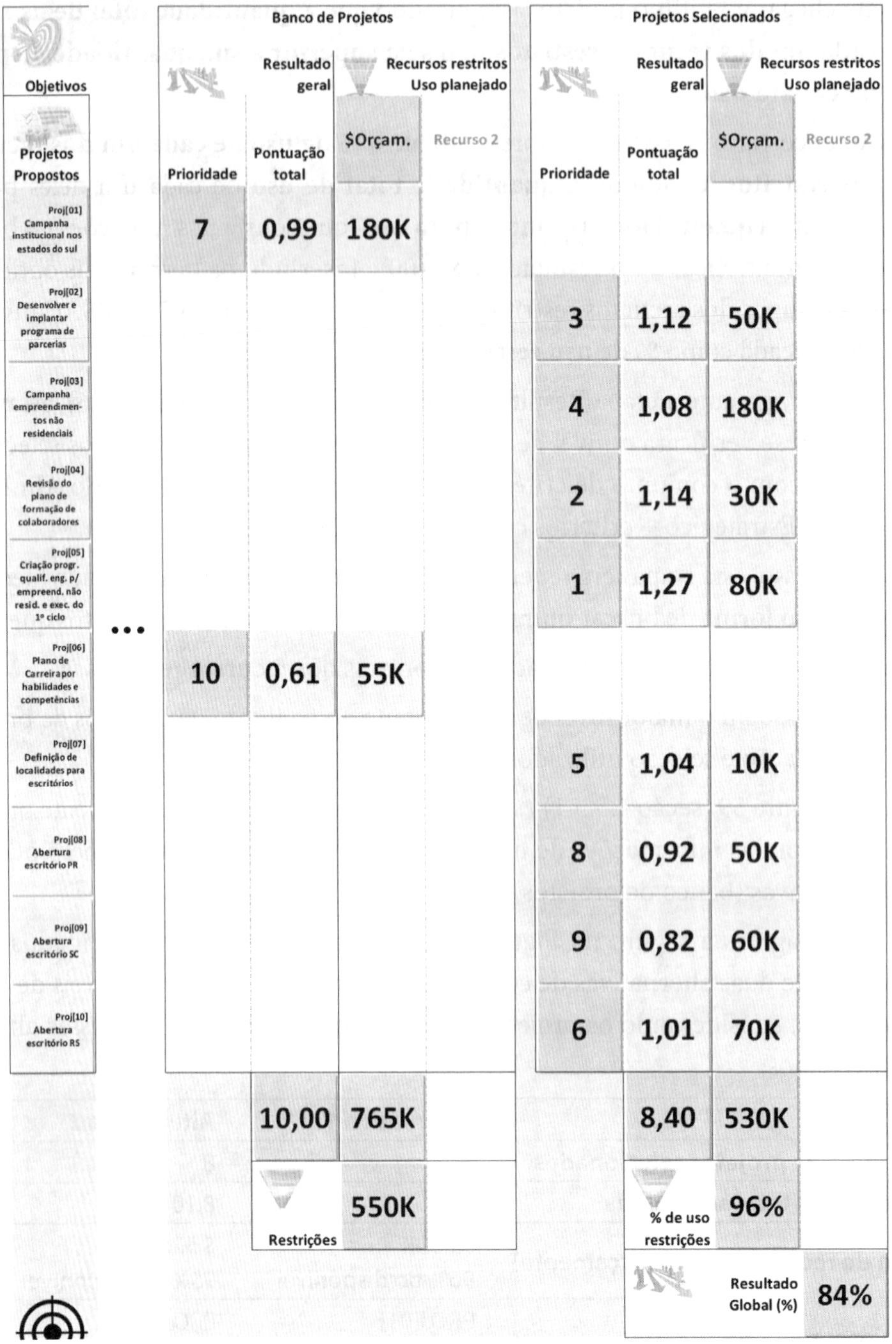

Objetivos	Banco de Projetos				Projetos Selecionados			
Projetos Propostos	Prioridade	Resultado geral / Pontuação total	Recursos restritos Uso planejado / $Orçam.	Recurso 2	Prioridade	Resultado geral / Pontuação total	Recursos restritos Uso planejado / $Orçam.	Recurso 2
Proj[01] Campanha institucional nos estados do sul	7	0,99	180K					
Proj[02] Desenvolver e implantar programa de parcerias					3	1,12	50K	
Proj[03] Campanha empreendimentos não residenciais					4	1,08	180K	
Proj[04] Revisão do plano de formação de colaboradores					2	1,14	30K	
Proj[05] Criação progr. qualif. eng. p/ empreend. não resid. e exec. do 1º ciclo					1	1,27	80K	
Proj[06] Plano de Carreira por habilidades e competências	10	0,61	55K					
Proj[07] Definição de localidades para escritórios					5	1,04	10K	
Proj[08] Abertura escritório PR					8	0,92	50K	
Proj[09] Abertura escritório SC					9	0,82	60K	
Proj[10] Abertura escritório RS					6	1,01	70K	
		10,00	765K			8,40	530K	
Restrições			550K		% de uso restrições		96%	
						Resultado Global (%)	84%	

Figura 64 – Conjunto de projetos selecionados no **PSA**Canvas – Alternativa 1.

O Modelo PSACanvas – *Project Strategic Alignment Canvas* 113

Alternativa 2

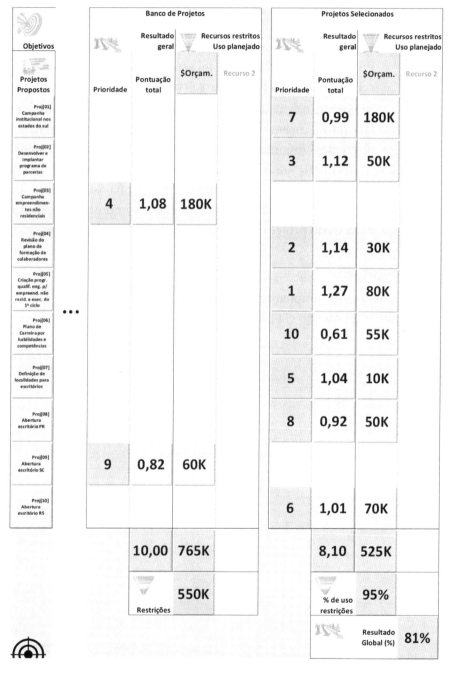

Figura 65 – Conjunto de projetos selecionados no **PSA**Canvas – Alternativa 2.

114 Planejamento Estratégico e Alinhamento Estratégico de Projetos

> Na Figura 64 e na Figura 65 pode-se observar que os projetos que não são selecionados permanecem no bloco 3 (banco de projetos).

- Utilize as notas adesivas de 46,7 mm x 46,7 mm para incluir no **PSA**Canvas a pontuação total acumulada, o total de uso e o percentual de uso de cada recurso crítico.
- Mantenha os participantes do projeto trabalhando de forma colaborativa, incentivando-os a ajudar na busca de alternativas de diferentes conjuntos de projetos que poderiam ser executados.
- Ao mover as notas adesivas do bloco 3 (banco de projetos) para o bloco 5 (projetos selecionados), mantenha-as na mesma linha para que não seja perdida a referência do nome e demais informações do projeto que estão nos blocos anteriores.

4.5.6. Resultado

Esta é uma etapa complementar à anterior, descrita na seção 4.5.5, e será repetida tantas vezes quanto ela (ver Figura 63).

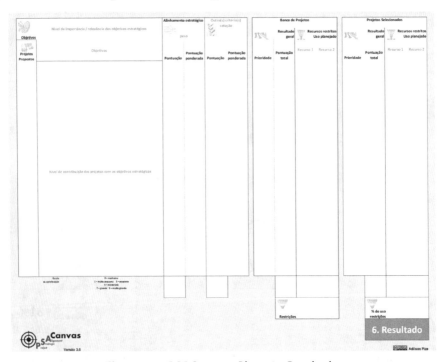

Figura 66 – **PSA**Canvas – Bloco 6 – Resultado.

É nesta etapa que será calculado o **Resultado Global**, que representa o nível de alinhamento do conjunto de projetos selecionados na etapa anterior (seção 4.5.5) com os critérios de priorização e seleção (critério de Alinhamento Estratégico + critérios complementares).

O Resultado Global deve ser calculado para cada um dos diferentes conjuntos de projetos selecionados, pela seguinte fórmula:

- ✓ **Resultado Global = pontuação total acumulada (dos projetos selecionados) / pontuação total acumulada (do banco de projetos) * 100**

O Resultado Global representa um percentual da pontuação total máxima que seria obtida se todos os projetos propostos pudessem ser executados. Então, quanto maior esse percentual, maior é o alinhamento do conjunto de projetos selecionados com os objetivos estratégicos e com os critérios complementares utilizados na priorização dos projetos.

Utilizando os exemplos mostrados na Figura 64 e na Figura 65, podemos observar que:

- ✓ Na primeira alternativa (Figura 64), o conjunto de projetos selecionados tem um **resultado global de 84%**.
- ✓ Na segunda alternativa (Figura 65), o conjunto de projetos selecionados tem um **resultado global de 81%**.

Frente aos resultados, a opção escolhida seria aquela em que os projetos selecionados em conjunto possuem maior alinhamento com os critérios de priorização e seleção, ou seja, a primeira opção (Figura 64).

- Utilize as notas adesivas de 46,7 mm x 46,7 mm para incluir no **PSA**Canvas o Resultado Global.
- Calcule o Resultado Global a cada diferente conjunto de projetos selecionados, pois ele demonstrará qual a composição da carteira de projetos (portfólio) que melhor atende aos objetivos estratégicos e aos critérios complementares utilizados na priorização dos projetos.

Apêndice A. SPCanvas e PSACanvas Preenchidos

Nas próximas páginas estão dois exemplos com as visões gerais do **SP**Canvas e **PSA**Canvas preenchidos.

Esses exemplos estão disponíveis para *download* em tamanho original (ver Apêndice B).

SPCanvas e PSACanvas Preenchidos 117

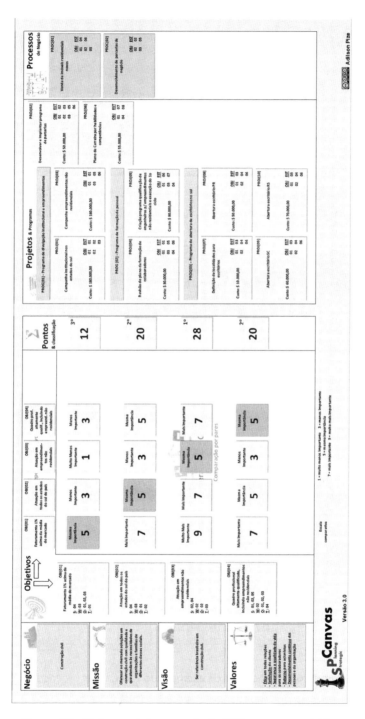

Figura 67 – Visão geral de exemplo do **SP**Canvas preenchido.

118 Planejamento Estratégico e Alinhamento Estratégico de Projetos

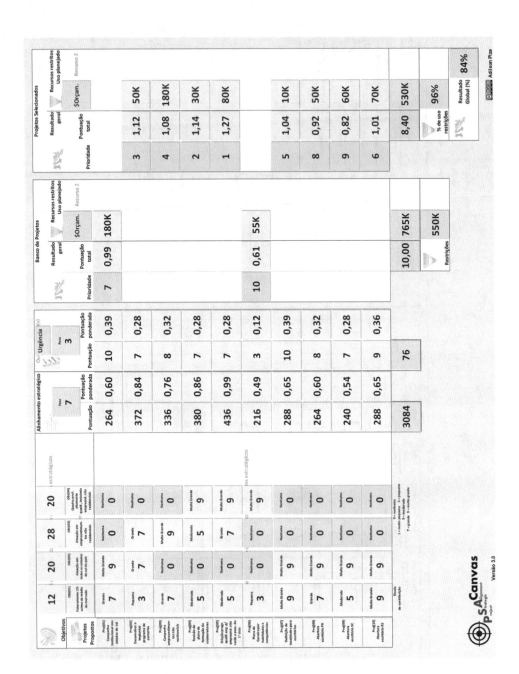

Figura 68 – Visão geral de exemplo do **PSA**Canvas preenchido.

Apêndice B. Materiais Disponíveis para *Download*

No site <www.canvasworld.com.br> estão disponíveis, em diferentes idiomas, os seguintes materiais para aplicação dos modelos **SP**Canvas e **PSA**Canvas em sua organização:

- ✓ Quadro do **SP**Canvas em branco.
- ✓ Guia do usuário do **SP**Canvas.
- ✓ Exemplo do **SP**Canvas preenchido.
- ✓ Quadro do **PSA**Canvas em branco.
- ✓ Guia do usuário do **PSA**Canvas.
- ✓ Exemplo do **PSA**Canvas preenchido.
- ✓ Arquivo do Excel de apoio ao uso do **SP**Canvas e do **PSA**Canvas.

O arquivo do Excel citado contém planilhas de apoio para cada um dos passos dos modelos **SP**Canvas e **PSA**Canvas, tendo como objetivo ser uma ferramenta para documentar os resultados obtidos e facilitar a realização de cálculos e seleção dos projetos. Essa ferramenta dá suporte para trabalhar com até vinte objetivos estratégicos e cinquenta projetos.

Referências

ASSOCIATION OF BUSINESS PROCESS MANAGEMENT PROFESSIONALS. **BPM CBOK.** Versão 3.0. Pensacola, FL: Association of Business Process Management Professionals, 2013.

CANVAS WORLD. Site. Disponível em: <http://www.canvasworld.com.br>. Acesso em: 12 maio 2017.

CHIAVENATO, I.; SAPIRO, A. **Planejamento Estratégico:** fundamentos e aplicações – da intenção aos resultados. Rio de Janeiro: Elsevier, 2004.

DEREK, A. **Definição do Negócio:** ponto de partida para o planejamento estratégico. São Paulo: Atlas, 1989.

DRUCKER, P. **Introdução à Administração.** São Paulo: Thomson Pioneira, 1984

EASYBOK. Site. Disponível em: <http://easybok.com.br>. Acesso em: 12 maio 2017.

FINOCCHIO Jr., J. **Project Model Canvas:** gerenciamento de projetos sem burocracia. Rio de Janeiro: Elsevier, 2013.

FREITAS, C. A. **Gestão Estratégica por Meio de Projetos, Programas e Portfólio.** (Série Estratégia em Projetos, Programas e Portfólio). Rio de Janeiro: Brasport, 2016.

GERDAU. Site. Disponível em: <http://www.gerdau.com.br>. Acesso em: 12 maio 2017.

KOTLER, P. **Marketing:** edição compacta. São Paulo: Atlas, 1980.

OLIVEIRA, D. **Planejamento Estratégico:** conceitos, metodologia, práticas. 23. ed. São Paulo: Atlas, 1985.

OLVE, N.-G.; ROY, J.; WETTER, M. **Condutores da Performance:** um guia prático para uso do "Balanced Scorecard". Rio de Janeiro: Qualitymark, 2001.

OSTERWALDER, A.; PIGNEUR, Y. **Business Model Generation:** inovação em modelos de negócio. Rio de Janeiro: Alta Books, 2011.

PAGNONCELLI, D.; FILHO, P. V. **Sucesso Empresarial Planejado.** Rio de Janeiro: Qualitymark, 1992.

PORTER, M. **Estratégia Competitiva.** Rio de Janeiro: Campus, 1991.

PROJECT CANVAS. Site. Disponível em: <http://www.projectcanvas.dk/>. Acesso em: 12 maio 2017.

PROJECT MANAGEMENT INSTITUTE. **A Practice Guide:** governance of portfolios, programs and projects. Newtown Square, PA: PMI, 2016.

PROJECT MANAGEMENT INSTITUTE. **PMBOK® Guide:** um guia do conhecimento em gerenciamento de projetos. 5.ed. Newtown Square, PA: PMI, 2013.

PROJECT MANAGEMENT INSTITUTE. Site. Disponível em: <http://www.pmi.org>. Acesso em: 12 maio 2017.

PROJECT MANAGEMENT INSTITUTE. **The Standard for Portfolio Management.** 3rd.ed. Newtown Square, PA: PMI, 2013.

PROJECT MANAGEMENT INSTITUTE. **The Standard for Program Management.** 3rd.ed. Newtown Square, PA: PMI, 2013.

PROJECT MANAGEMENT.COM. Site. Disponível em: <http://www.projectmanagement.com>. Acesso em: 12 maio 2017.

PROJECT MODEL CANVAS. Site. Disponível em: <http://www.pmcanvas.com.br>. Acesso em: 12 maio 2017.

QUEIROZ, E.; MARCIANO, S. **Gestão Estratégica para Além do Planejamento Estratégico.** Cuiabá: Entrelinhas, 2012.

QUIGLEY, J. V. **Vision:** how leaders develop it, share it and sustain it. New York, NY: McGraw-Hill, 1993.

Acompanhe a BRASPORT nas redes sociais e receba regularmente informações sobre atualizações, promoções e lançamentos.

 @BRASPORT

 /brasporteditora

 /editorabrasport

 editorabrasport.blogspot.com

 /editorabrasport

Sua sugestão será bem-vinda!

Envie mensagem para **marketing@brasport.com.br** informando se deseja receber nossas newsletters através do seu email.

Impressão e Acabamento
Bartira
Gráfica
(011) 4393-2911